BVT

Philippe Cabassac, Professor für provencalische Sprache an der Universität in Aix-en-Provence, verliebt sich in die schöne, aber distanzierte Studentin Julieta. Er nimmt sie in seinem Bauernhaus auf, doch schon nach kurzer Zeit stirbt die rätselhafte junge Frau. Der untröstliche Philippe entdeckt, daß er nach dem Genuß von Trüffeln von seiner Julieta träumt. Er wird zum besessenen Trüffelsucher und verliert sich ganz in seiner Traumwelt.

Gustaf Sobin, amerikanischer Lyriker und Erzähler, wurde 1935 in Boston geboren und lebt seit über 35 Jahren in der Provence. Er ist Verfasser mehrerer Gedichtbände und Romane.

Gustaf Sobin

Der Trüffelsucher

Roman

Deutsch von Malte Friedrich

Berliner Taschenbuch Verlag

November 2001
Berliner Taschenbuch Verlags GmbH, Berlin,
ein Unternehmen der Verlagsgruppe Random House GmbH
Die Originalausgabe erschien 1999 unter dem Titel
The Fly-Truffler
bei Bloomsbury, London

Umschlaggestaltung: Nina Rothfos und Patrick Gabler, Hamburg,
unter Verwendung des Bildnisses der Madame Devauçey (1807)
von Jean-Dominique Ingres (1780–1867)
Gesetzt aus der Goudy durch psb, Berlin
Druck & Bindung: Elsnerdruck, Berlin
Printed in Germany · ISBN 3-442-76001-1

I

ER NAHM JETZT IMMER DENSELBEN WEG, fast an jedem Morgen. Dem Rand des Eichenwaldes folgend, klopfte er mit einem seltsamen kleinen Zweig, den er sich für diesen Zweck zurechtgeschnitten hatte, auf den Bewuchs des Bodens, auf niedrige Büsche und auf Gras. Der Zweig war kahl und trug nur noch an der Spitze einen schmalen Keil aus Kiefernnadeln. Klopfend, das Gras und das Unkraut streichelnd, hätte man ihn leicht für einen Blinden halten können. Ja, für einen blinden Mann oder – aus einer gewissen Entfernung – für jemanden, der mit einem Metalldetektor den Boden auf der Jagd nach einem kleinen archäologischen Schatz absuchte. Philippe Cabassac indessen war weder blind noch auf der Suche nach einem Schatz. Hochgewachsen, aber kräftig gebaut, schien sein ganzer Körper sich auf den zu Boden gerichteten Blick seiner Augen zu konzentrieren, und sein Blick – unbeirrbar, besessen – galt nur dem Ausschnitt des Grundes vor ihm.

»Kommt schon«, murmelte er dem Boden zu, »ich will eure Flügel sehen, eure kleinen Flügel.« Sein kaum vernehmbares Murmeln war wenig mehr als die scharf flüsternde Reibung trockener Lippen aneinander. »Kommt schon«, wiederholte er in dem, was er »die alte Sprache« nannte – die jetzt ein fast ausgestorbenes Idiom war. Es war an *lei moscas* gerichtet, an die Fliegen. Denn er bat die Fliegen um ein Zeichen: ein winziges, verstecktes, aber verräterisches Anzeichen.

Den Eichenwald zur einen Seite, den aufgegebenen Mandelgarten zur anderen, hielt Cabassac die Sonne wie einen Fixstern direkt vor sich. Auf diese Weise, das wußte er, würde er keinen Schatten auf das schüttere Wintergras vor sich werfen, und dieses Gras war der Aufenthaltsort jener winzigen, strohfarbenen Geschöpfe. Er würde die Dipteren erst im letzten Moment aufschrecken. Denn es war ihr plötzliches, zuckendes Auffliegen, das ihr Geheimnis verriet. Ihre Bewegung ähnelte eher einem Aufspringen als einem Flug, und dieses Aufspringen enthüllte den genauen Punkt, auf dem sie sich vorher niedergelassen hatten. Dort war es, in der schwer duftenden Erde unter dem Gras, wo sie ihre Eier ablegten. Und dort, aber in einer Tiefe von etwa zehn, zwanzig, sogar dreißig Zentimetern, konnte man auch – ein

Wunder der Symbiose – eine jener schwarzen, wohlriechenden Knollen finden. Eine der ersehnten Trüffeln, in der festen Wiege der Erde, die sie so verschwenderisch mit ihrem Duft tränkten.

»Kommt schon«, murmelte er weiter, und es war ebensosehr an ihn selbst gerichtet wie an die kleinen Insekten. Denn die Fliege, die Trüffel, welche die Fliege ausnahmslos verriet, und Cabassacs Phantasien waren zu einer Einheit geworden. Im Laufe der letzten Monate waren die drei zur Trinität einer einzigen untrennbaren Assoziation zusammengeflossen.

Sanft schlug er mit seinem kleinen Besen, den er sich aus einem Kiefernzweig geschnitten hatte, auf die Gräser und beobachtete den Flecken Erde vor sich. Von der schweren, in Stahl gefaßten Brille, die er trug, vergrößert, hatten sich die Falten in seinen Augenwinkeln zusammengezogen, sein Gesicht war zu einer Grimasse geworden. Es war, als ob all der Kummer, den er in den letzten drei Jahren getragen hatte – ein tiefer, aber unausdrückbarer Kummer – endlich begreifbar geworden wäre. Als könnte er sich in diesem Augenblick auf das Stück hohen, ausgreifenden Lavendels legen oder zu dem Flecken jenes ewig hoffnungsvollen, rosafarbenen, winterharten Steinkrautes kriechen, um dort eines der zierlichen, strohfarbenen Insekten aufzustören. Jedesmal sprangen sie wie Funken von den schwarzen, zerschlagenen Hörnern eines alten Ambosses auf. Oder wie Schlüssel, dachte er. Wie winzige goldene Schlüssel. *Claus d'aur*, wie er es in seiner fast ausgestorbenen Sprache ausdrückte. Denn die Fliegen, wenn man sie richtig beobachtete, enthüllten nicht nur, wo eine vergrabene Trüffel lag, sondern sie schlossen – wie er vor kurzem entdeckt hatte – das Tor zu einer ganzen halluzinatorischen Unterwelt auf.

Cabassac hatte viel Zeit gebraucht, um diese Tatsache zu entdecken. Wie jeder Provençale, der in einem Gebiet mit lockerem, kalkhaltigem Boden lebte, hatte er seit seiner Kindheit getrüffelt, mit Hilfe der Fliegen Trüffeln gesucht. In seiner Familie wurde die Trüffel als Delikatesse betrachtet, als saisonale Köstlichkeit. Immer im Winter kam sie auf den Tisch, in großzügige schwarze Scheiben geschnitten und dann entweder unter frischen krausköpfigen Salat gemischt oder gebraten – aber selten in ein Omelette gegeben. Die Trüffel wurde nie ganz gekocht – das wäre in der Welt der Trüffler eine Ketzerei gewesen, denn das Kochen verminderte das Aroma deutlich. Und sie wurde auch nicht eingeweckt. Von Mitte November bis zum frühen März wurde sie frisch gegessen und dann, wenn sie nicht ganz vergessen wurde, wieder jenem natürlichen Kalender überlassen, bei dem die Erde allein den Ablauf der Dinge bestimmte. Philippe Cabassac, der sich den Fünfzig näherte, hatte das delikate Aroma in jedem Winter seines Lebens eingeatmet. Es hatte ihn durch die Kindheit begleitet, durch seine Studienjahre an der Universität, die Zeit als Forscher und Lehrer, und – noch bis vor kurzem – durch seine kurze, verspätete, aber grenzenlos glückliche Ehe. Niemals aber hatte es die Qualität besessen, die es seit dem Tod seiner Frau angenommen hatte. Nie zuvor hatte er die Fliege als den »goldenen Schlüssel« betrachtet und die Trüffel selbst – dieses dunkle Kryptogramm – als Trägerin flüchtiger Visionen.

Es hatte lange gedauert, bis Cabassac diesen Zusammenhang erkannte. Er war ein Mann der Vernunft, durchdrungen von der Philosophie der provençalischen Aufklärung, und er hatte drei Jahre gebraucht, um sich einzugestehen, daß die Trüffeln – der Verzehr der Trüffeln – begonnen hatte, seine Träume zu beeinflussen. Daß sie ihn, ein ums andere Mal, näher und näher an die verschwundene Gestalt seiner Frau Julieta heranbrachte.

»Kommt schon«, bat er, »gebt mir ein Zeichen. Ein kleines Zucken nur.« Er beugte sich über einen Trespestrauch, während er wie ein Pilger vor einer heiligen Reliquie vor sich hin murmelte. Über zweihundert Pfund schwer und solide gebaut, schien Cabassac sein ganzes Gewicht in die Untersuchung jedes einzelnen Blattes zu legen. Jeden Moment konnte eine der *claus d'aur*, der kleine Schlüssel zu jener Traumwelt, die er erst vor kurzem entdeckt hatte, auffliegen.

Cabassac wußte, daß die Trüffel keine halluzinogenen Eigenschaften besaß. Ihm war klar, daß sie nicht zu den traumweckenden Drogen gehörte: zu jenen Mitteln und Elixieren, welche die Neuronen des schlafenden Verstandes so makellos manipulierten. Die Macht der Trüffel lag in etwas viel Subtilerem, Raffinierterem. Sie hatte in Wirklichkeit überhaupt keinen Einfluß auf das Traumleben. Im Gegenteil, die Trüffel wirkte sich auf den wachen Körper aus, auf die bewußten Gedanken. Sie beruhigte die Sinne mit ihrem warmen, erdfarbenen Aroma, versetzte das ganze Wesen in einen erhöhten Zustand der Empfänglichkeit. Sie schuf weniger den Traum, als daß sie den Boden bereitete – die *disposicioun*, wie Cabassac es nannte –, aus dem der Traum erwachsen konnte. Wenn er die Trüffel verzehrt hatte, wenn sie im Blut kreiste, hatte er das Gefühl, in Vollkommenheit auf die reichen, flackernden Bilder vorbereitet zu sein, die jene Träume bringen mochten.

Im ersten Jahr, nachdem Julieta gestorben war, bestanden seine Träume von ihr nur aus Bruchstücken: eine Schulter, ein großes, leuchtendes Auge, das über einem Blumenbeet schwebte; die Linie ihrer Schenkel wie bei einer zerschlagenen Statue. Es war, als hätte der Tod sie auf so viele, hoffnungslos unzusammenhängende, flüchtige Teile reduziert. Selbst ihr Flüstern drang in jenem ersten Jahr nur in einer Folge von abgerissenen Fragmenten an sein Ohr. Worte, gelegentliche Sätze, die abgeschnittenen Segmente dessen, was eine Botschaft des Versprechens gewesen sein mochte, erreichten ihn wie der sprühende Nebel einer Woge, die sich an einer unsichtbaren Kaimauer brach. Erreichten ihn auch wie seltene, kaum lesbare Passagen eines ansonsten zerstörten antiken Textes. Tief in einem Zustand halben Schlafes war ihm jede Silbe heilig. Er versuchte, sich beim Erwachen jede gebrochene Äußerung zurückzurufen. Was immer er von der Nacht im Gedächtnis bewahrte, schrieb er auf einen Notizblock, den er sich zu diesem Zweck neben das Bett gelegt hatte. Unter allem, was sie sagte, war das

Wort, das sich am häufigsten wiederholte: »Warum«. Ein »Warum« ohne Objekt, ohne Subjekt: ein großes, gähnendes, unabweisbares »Warum«. Philippe Cabassac nahm die immensen Implikationen dieses winzigen Wortes entgegen, als wäre es ein Vermächtnis: etwas, was Julieta ihm anvertraut hatte. Warum, fragte sie vielleicht, war sie auf der einen Seite dieses undurchdringlichen Vorhangs und er auf der anderen? Es war eine Frage, die zu beantworten er sich aufgerufen fühlte.

Im Winter jenes ersten Jahres, nachdem Julieta gestorben war, hatte Cabassac Trüffeln noch nicht mit den Träumen in Verbindung gebracht: den Verzehr der geheimnisvollen Knollen mit den Eröffnungen des Schlafes. Vielleicht war es in der Erschütterung dieses ersten Jahres auch gar nicht möglich, eine solche Gleichung zu ziehen. Er ging trüffeln, wie er es seit seiner Kindheit getan hatte. Er tat es eher aus Gewohnheit als zur Erfüllung eines bestimmten Zwecks. Lustlos durchkämmte er die Ränder der aufgegebenen Mandelgärten, klopfte trocken, mechanisch, auf die Gräser, während er langsam dahinging. In diesem ersten Jahr war ihm alles gleichgültig. Nichts bewegte ihn außer jenen kurzen, erregenden Momenten, in denen seine Frau – seine Julieta –, wenn auch in unzusammenhängenden Fragmenten, in seinen

Träumen erschien. Er lebte für diese Momente. Jeden Tag, den ganzen Tag, wartete er, wartete auf die Nacht, in der er sie, das geliebte Wesen – schnell, aufleuchtend und sich selbst löschend wie der Schweif eines Meteors –, in einem kurzen Augenblick sehen mochte.

Als der Frühling kam, wurden diese Momente seltener. Cabassac konnte zu dem Zeitpunkt nicht ahnen, daß die Träume sich verloren, weil das Ende der Trüffelsaison eintrat. Er hatte die geheimnisvolle Gleichung zwischen den beiden vergrabenen Dingen noch nicht gefunden: zwischen der Knolle, die in der feuchten Erde lag, und seiner Geliebten, die man in ihrer eigenen Erdkammer zur Ruhe gelegt hatte. Hatte noch keine Linie gezogen von der evokativen Kraft der einen zu den blendenden Evokationen der anderen.

In diesem ersten Jahr lebte Cabassac wie ein Automat. Er machte, was er machen mußte, er kleidete sich morgens an, bereitete sich das eigene Frühstück, fuhr dreimal die Woche die vierzig Kilometer nach Avignon, um seine Seminare in der Provençalischen Sprache und Linguistik zu halten. Er bemerkte kaum, daß sich die Zahl der Studenten in seinen ohnehin schwach besuchten und auf eine ausgesuchte Gruppe von fortgeschrittenen Studenten begrenzten Kursen immer weiter verminderte. Angesichts der Tatsache, daß er seine Vorlesungen in einem Hörsaal abhielt, in dem zweihundert Studenten hätten Platz finden können, war die kleine Zahl der Zuhörer, die sich auf den Raum verteilte, eine mürrische Erinnerung daran, daß er von einer im Schwinden begriffenen Welt sprach. Das Studium des Provençalischen hatte in den letzten Jahrzehnten seine alte Stellung im akademischen Leben verloren. Es war schließlich zu einer verfeinerten Beschäftigung einiger weniger Privilegierter geworden. Cabassacs Eintritt in die Fakultät von Avignon hatte damals zunächst das Interesse an der sterbenden Sprache, dieser dahinwelkenden Lehre, neu geweckt. Er hatte die Wurzeln gewässert, Licht an die Spitzen ihrer Zweige gebracht. Seine Vorlesungen galten als luzide, faszinierend, unvergeßlich. Jene, die daran teilnahmen, wie wenige auch immer, gerieten ohne Ausnahme in seinen Bann, ließen sich von seiner Leidenschaft für die Bewahrung der verschwindenden *lengage* anstecken.

Aber seit Julietas Tod hatte Cabassac alle Leidenschaft für die Lehre verloren. In seinen Vorlesungen las er von einem Stapel hastig niedergeschriebener Notizen ab, dumpf und mechanisch sprechend, hob kaum einmal den Blick, um auf die über den Hörsaal verstreuten Studenten zu sehen. Immer weniger von ihnen kamen. Einer nach dem anderen verließ seine Seminare. Und die, die blieben, taten es eher, weil sie die Scheine brauchten, als aus wirklicher intellektueller Neugierde. Sie hörten sich seine lakonischen Darbietungen unkonzentriert an oder starrten abwesend, verträumt auf die Blätter einer Paulownia, die am Glas des Oberlichts leckten. Niemand schrieb mit, was sie ein paar Monate zuvor noch getan hatten. Cabassacs einst kristallklare Bemerkungen etwa über eine scheinbar unbedeutende syntaktische Eigenheit, die den Keim einer entscheidenden kulturellen Differenz enthielt (die Verwurzelung der meisten provençalischen Hauptwörter in der Erfahrung zum Beispiel, die Seltenheit der Abstraktion), waren praktisch verschwunden.

Cabassac hatte begonnen, sein altes Leben nur noch zu spielen. Er gab vor – so gut er konnte – zu lehren, er aß noch immer ab und zu mit einem Kollegen oder mit jemandem, der aus seiner Verwandtschaft übriggeblieben war. Er mußte sich – wie jeder andere – mit der nie endenden Folge von Erledigungen befassen, mit den Pflichten und Verantwortungen, die das Leben unablässig hervorbringt. Nicht die geringste dieser Verantwortlichkeiten betraf den Verkauf, Jahr um Jahr, von einem Teil seines Besitzes. Er hatte Schulden, und er war immer wieder gezwungen, ein brachliegendes Weizenfeld, eine aufgegebene Terrasse an einem Hügel oder einige Morgen Eichenwald zu verkaufen. Nur so konnte er seine Rechnungen zahlen. Sein Gehalt als Professor an einem niedergehenden, wenig geachteten Fachbereich deckte seine Lebenskosten nicht entfernt ab. Er führte ein spartanisches Leben, aber er mußte Grundsteuern für den großen Landbesitz, den er geerbt hatte, bezahlen und eine endlose Folge von Rechnungen für Lebensmittel, Treibstoff und Elektrizität begleichen. Obwohl seine persönlichen Bedürfnisse sehr einfach waren und er sich keine teuren Liebhabereien leistete, war er an jedem Jahresende gezwungen, den örtlichen Makler anzurufen und ein weiteres Stück seines schrumpfendes Besitzes auf dem Markt anzubieten.

»Also, was soll's dieses Mal sein?« fragte der Makler, »Obstgärten oder Weinberge? Oder noch ein bißchen guten alten Eichenwald?« Kalt, aber jovial und geschäftig, zwang er Cabassac in jedem Winter durch dasselbe geschmacklose Ritual. Von Anfang an war er daran interessiert gewesen, das ganze Land auf einmal zu kaufen, einschließlich des großen baufälligen Bauernhauses, in dem Cabassac sein Leben verbracht hatte – wie mindestens acht Generationen seiner Vorfahren. Einige Jahre hindurch hatte der Makler immer wieder neue Angebote gemacht, jeden denkbaren Druck ausgeübt. Aber Cabassac hatte dem widerstanden. Er verkaufte immer nur genau so viel, wie unbedingt notwendig war, um seine Kosten zu decken, keinen Quadratzentimeter mehr. Für Cabassac waren der Hof, die Felder, die Wälder – die durch all die Generationen von Bauern auf ihn gekommen waren – ein lebender Organismus. Auch nur das kleinste Stück davon zu verkaufen, deutete einen Akt der Verstümmelung an, der Amputation. Es erfüllte Cabassac mit einem bohrenden Gefühl des Verrats. Der Besitz war nicht nur sein Erbe, sondern auch sein Kindergarten gewesen, seine Schule, sein persönliches Universum während des größeren Teils seines Lebens. Noch die verwildertsten, wertlosesten, von Gesträuch überwucherten Flecken – voller Beeren und Vogelnester – schienen ihm die psychische Geographie seiner Existenz tief eingefärbt zu haben.

Cabassac bereute nicht nur, Jahr um Jahr, Stücke seines Besitzes verkaufen zu müssen, er stand auch vor einem Rätsel. Er fragte sich oft, warum der Makler die Grundstücke nicht weiterverkaufte. Warum war noch keine Fläche in die Hände Dritter übergegangen, entweder um darauf ein Haus zu bauen oder für landwirtschaftliche Zwecke? Worauf wartete der Makler? Auf jede einzelne aufgegebene Terrasse? Jede zusammenfallende Feldmauer? Auf die leere Hülle jedes einzelnen Pächterhauses? Worauf konnte er warten, dachte er, wenn nicht auf das Ganze?

Cabassac ging weiterhin in jedem Winter auf die Trüffelsuche, so wie er im Frühling wilden Spargel stach, blühende Heilkräuter im Sommer sammelte und eine Fülle von bleichen, gefleckten Pilzen im Herbst. Das war alles Teil von Cabassacs natürlichem Kalender. Nichts hätte ihn davon abhalten können, diesem Zyklus in all seinen Aspekten und Äußerungen zu folgen. Selbst jetzt, im zweiten Jahr seiner Witwerschaft und taub für praktisch alles, was ihn umgab, ging er in die Wälder hinaus. Taub sogar für den Wald selbst, ließ er seinen mächtigen Schatten über das Unterholz gleiten, taub sogar für das eigene Herz im Zentrum des Schattens, folgte er dennoch dem alten Zyklus. Es war ein jahreszeitliches Ritual, das er einfach befolgte, weil ihm nie in den Sinn gekommen wäre, es nicht zu tun.

Vom Instinkt getrieben, von einem Satz verborgener pflanzlicher Signale, klopfte Cabassac weiter auf das hohe Lavendelgefieder, suchte mit dem eigens dafür zurechtgeschnitzten Kiefernbesen die vielen, in den Boden geklammerten Matten des Steinkrauts ab. Sobald dieser zweite Winter gekommen war, hatte Cabassac eine ätherische Fliege nach der anderen aus ihrer Deckung gescheucht und die Trüffeln gefunden, die sie ohne Ausnahme verrieten. Es war in der Tat ein gutes Trüffeljahr gewesen. Cabassac hatte indessen nur so viel ausgegraben, wie er für seine eigenen Zwecke brauchte. Mit einem leicht gebogenen eisernen Schraubenschlüssel holte er zwei oder drei der schweren runden Knollen aus der Erde, nie kleiner als eine Walnuß und manchmal so groß wie ein wilder Apfel. Dennoch, für Cabassac war die Trüffel nicht mehr als eine Zutat des Winters, eine sehr geschätzte, wundervoll duftende Köstlichkeit der Saison. Sie hatte ihre zweite Eigenheit noch nicht angenommen.

Aber in jenem zweiten Winter nach Julietas Tod fand Cabassac schließlich den Weg zu der Verbindung zwischen dem Verzehr der Trüffeln und den zunehmend klaren Träumen von seiner Frau. Eines Abends im späten Dezember empfand er ein besonderes Wohlgefühl, nachdem er eine überaus wohlriechende Trüffel gegessen hatte. Dieser für ihn seltene und willkommene Zustand schien sein allgemeines Befinden mehr zu beeinflussen als jemals zuvor.

Als der Januar kam, hatte er allmählich begriffen, daß der Zustand bis in sein Traumleben hineinreichte, daß seine Träume immer lebhafter wurden und sich ausdehnten, sich nicht mehr in kurzen Fragmenten erschöpften. Eines Abends, nachdem er ein besonders saftiges Trüffelomelette zu sich genommen hatte, träumte er sogar davon, wie sie einander liebten. Langsam, fast schläfrig, ohne die geringste Spur von Dringlichkeit, bewegten sie sich stundenlang, so schien es, von einem Rhythmus gewogen, der ebensosehr der Erde zu gehören schien wie ihren Körpern. Wie eine Art leichten, irdischen Pulsschlages ging dieser Rhythmus durch ihre Körper, verschmolz sie miteinander. Er pulsierte ungeschwächt in jeder Faser ihres Wesens. Während dieser gesamten Traumsequenz hatte Julieta ihren Kopf zur Seite gewandt, den Blick starr auf die Wand gerichtet. Dunkel, großäugig, ohne Wimpernschlag war dieser Blick gewesen, und er hatte Cabassac nur noch mehr erregt. Hatte Julieta nicht immer einen kleinen Teil ihrer selbst zurückgehalten, überlegte Cabassac, in einem Bereich, zu dem er keinen Zugang hatte? Er hatte oft gedacht, daß diese Reserve, dieser Bereich es gewesen war, was ihn von Beginn an so unwiderstehlich zu ihr gezogen hatte. Als sie sich gerade begegnet waren, in der ersten Woche, hatte er in sein großes ledergebundenes Tagebuch geschrieben: »Vielleicht verlieben wir uns nicht so sehr in eine Person als in eine Distanz, eine Tiefe, welche diese besondere Person zufällig verkörpert. Vielleicht ist es die Eigenschaft der Untröstlichkeit, die diese Person besitzt, irgendein verbotenes Territorium, das einen um so stärker anzieht.«

Jetzt, zwei Jahre später, fühlte sich Cabassac sogar noch unwiderstehlicher in diese Regionen gezogen, zu denen er in der Tat niemals Zugang gefunden hatte. Nein, gar keinen Zugang, außer, hieß das, in seinen Träumen.

Es dauerte bis zum Februar dieses zweiten Jahres, bis Cabassac zu dem unausweichlichen Schluß kam: An den Abenden, an denen er Trüffeln aß, neigte er dazu, von Julieta zu träumen, und das sehr intensiv. Darüber hinaus ist der Februar der Monat, in dem die kapriziösen Erdfrüchte am köstlichsten sind. Aber es ist auch die Zeit, in der viele Trüffeln verderben, sie werden Opfer der langen Winterfröste. Nur die am tiefsten liegenden, die am festesten von der Erde eingeschlossenen, schaffen es zu überleben. Auch zu den besten Zeiten rar, werden Trüffeln im Februar noch rarer, wenn die langen, ununterbrochenen Mistralstürme die Luft blau scheuern, so blau, daß der Himmel manchmal schwarz wirkt. An solchen Tagen scheint die Luft selbst zu gefrieren, und die Erde wird hart und fast undurchdringlich.

Cabassac aber war wie gebannt von seiner Erkenntnis. Jetzt, da er seine raren Funde mit seinen überfließenden Träumen in Verbindung gebracht hatte, wußte er, daß er die Tür zu den verborgensten Bereichen aufgestoßen hatte. Er hatte dies aber im schlechtesten Moment getan. Die Temperaturen fielen, und es waren kaum noch Trüffeln am Rand des Eichenwaldes zu finden. Und ihm blieben nur noch ein paar Wochen der Trüffelsaison. Den kältesten Tagen des Winters folgte in der Provence häufig ein sehr warmer Vorfrühling. Cabassac begriff, daß er jetzt schnell arbeiten mußte. Er mußte in der qualvoll kurzen Zeit, die ihm blieb, so viele Knollen wie möglich ausgraben.

»Ein Begrabenes für das andere«, wiederholte er oft für sich, während er sich jeden Morgen in seiner abgetragenen Kordhose und der alten Holzfällerjacke über den gefrorenen Boden bewegte. Die Trüffel verhieß jetzt Bilder, Erscheinungen, sie ließ die überraschend hohe, schlanke Gestalt

Julietas aus den nebelhaften Partikeln der Nacht heraustreten, mit strahlendem Blick, das schwarze Haar glänzend wie Wasser im Sonnenlicht. Manchmal verhieß sie auch geflüsterte Worte, Erklärungen oder einfach Julietas Eingeständnis eines lange unterdrückten Begehrens.

Cabassac hatte natürlich das ganze Jahr hindurch von seiner Frau geträumt, aber nur in kurzen Augenblicken, verstreuten Momentaufnahmen, unzusammenhängenden Episoden. Doch unter dem Einfluß der Winterknollen dehnten sich seine Träume plötzlich, wurden tiefer, quälender, sinnlicher. Stundenlang, so schien es ihm, badeten sie nackt in Wasserfällen, wie sie es früher getan hatten, oder sie saßen einfach zusammen am Schreibtisch, im Schweigen einer gemeinsamen Arbeit vereinigt.

Mehr noch, Cabassac stellte bald fest, daß seine Träume eine zeitliche Folge anzunehmen begannen: eine Episode leitete unweigerlich in die nächste über. Er brauchte sich nur, kurz bevor er einschlief, die letzten Minuten des vorhergehenden Traums ins Gedächtnis zu rufen, um – praktisch wenige Momente später – die Folge geschenkt zu bekommen. Vor kurzem zum Beispiel hatte er von Julieta geträumt, wie sie, ihm den Rücken kehrend, in einem Blumenbeet kniete. Es mußte im Sommer gewesen sein, denn ihre Schultern – breit, aber erstaunlich rund und grazil – waren bloß, von der Sonne gebräunt, und sie schimmerten vom Schweiß. »Philippe«, rief sie aus, ihr Gesicht in den Blumen vergraben. Ringelblumen, Dahlien, Fingerhut rahmten sie ein wie die Blumen in der Emaileinlegearbeit irgendeines kleinen Renaissance-Medaillons.

»Philippe«, rief sie noch einmal, ihm noch immer den Rücken zukehrend und der Hinterkopf in einer Aureole aus sie umkränzenden Blumen. Cabassac hatte sich zu ihr gekniet, ihr die Arme um die Taille gelegt und die Wange in die schimmernde dunkle Masse ihres Haares gedrückt. »Was ist, Julieta? *De que t'arriba?*« Obwohl er sie hören, fühlen, sogar ihren harzigen Duft einatmen konnte, hörte sie ihrerseits offensichtlich nichts, fühlte nichts, roch nichts. Sie rief weiter nach ihm. Und Cabassac antwortete weiter, wollte sie beruhigen, drückte sich an ihre Schultern. Er spürte ihre körperliche Anwesenheit so stark, als wäre sie lebendig und er ganz wach. Solch ein Moment schien ewig zu dauern. Elastisch schien er sich in der Zeit auszudehnen, als ob sie beide, der Blumengarten, in dem sie sich befanden, selbst die Luft, die die ganze halluzinatorische Szene umgab, in einer warmen, dicken, flüssigen Substanz existierten. In dieser Substanz schienen noch ihre geringsten Gesten zu schwimmen, zu schweben. Schienen in einer sinnlichen, ganz eigenen Zeitlupe zu existieren.

Immer wieder rief sie ihn, »Philippe, Philippe«. Dann aber begann ihre Stimme leiser zu werden, schwächer. Und Cabassacs Hände, die auf ihren Brüsten gelegen hatten, den festen kleinen Brüsten einer Heranwachsenden, spürten, wie sich das, was sie hielten, langsam unter ihnen auflöste. Sie begannen beide, sich aus derselben Matrix zu lösen, die sie während der Dauer des Traumes getragen hatte. Innerhalb von Minuten verschwanden sie nun ganz: die eine in die Unterwelt, die sie bewohnte; der andere in die Räume, Fenster, Landschaften eines Lebens, für das er alles Interesse verloren hatte.

IM FEBRUAR DIESES ZWEITEN WINTERS GEFROR die Provence. Die Wälder, weiß von Eis, ähnelten Wäldern in einem kontraststarken Schwarzweißnegativ. Die Natur selbst schien sich umgekehrt zu haben. Nur der flatternde Klecks eines Stieglitzes brachte manchmal ein wenig Farbe in diese trostlose Landschaft. Cabassac suchte besessen weiter. Er war von Angst erfüllt. Die letzten Wochen der Trüffelsaison waren angebrochen, und er sehnte sich verzweifelt nach einer weiteren Vision von Julieta (hatte sie ihn nicht immer und immer wieder beim Namen gerufen, als hätte sie ihm etwas – etwas sehr Wichtiges – zu sagen?). Er ging jetzt, zwanghaft getrieben, jeden Morgen hinaus. Drei Wochen lang aber fand er gar nichts: nicht eine einzige verräterische Fliege. Nicht eine einzige, tief vergrabene Knolle. Seine Träume waren zerstreut, fragmentarisch, unbedeutend. Nicht einmal war er in diesen dauerhaften Zustand der Gnade eingetreten: in diese *disposicioun*, wie er es selbst gerne nannte.

Eines Nachmittags merkte Cabassac zu seiner eigenen Überraschung, daß er auf die wilden Gräser einschlug. In seiner Verzweiflung hatte er sein eigenes Ritual, sein Gefühl für Stil und richtiges Verhalten durchbrochen und drosch auf ein gefrorenes Stück Vegetation nach dem anderen ein. »Erzähl mir nicht, daß du weg bist«, zischte er. »Sag nicht, daß du dich in deine Schatten verkrochen hast, in all deine endlosen Schleier.« In dem Moment sprach er nicht die Fliege oder die Trüffel an, sondern das Herz seiner seit langem verschwundenen Geliebten.

Er mußte indessen warten, bis der Boden auftaute und die ersten schüchternen Anzeichen des Frühlings wie Flaggen aus ihren harten kleinen Hüllen hervorbrachen. Er mußte warten, bis die ersten wilden Mandeln zu blühen begannen und die ganze Heerschar der Bienen mit sich brachten, bevor er die letzte Trüffel ausgraben konnte. Sie lag zwischen den klauenförmigen Wurzeln einer Stieleiche in einer Tiefe von nicht weniger als vierzig Zentimetern. Diese Trüffel, ein reich facettierter »schwarzer Diamant«, wie sie gelegentlich genannt wurden, hatte ein wildes, öliges, provokatives Aroma. Wenn es eine Beziehung gab zwischen dem Duft der Knolle und der Intensität des Traumes, den sie hervorbrachte, dann würde diese letzte Trüffel eine enorme Wirkung haben. Er mußte aber warten. Nach einer alten provençalischen Tradition mußte er drei volle Tage Geduld haben, während die Trüffel zusammen mit drei, sechs oder sogar neun frischen Eiern in einem fest verschlossenen Weckglas lag, um den Eiern ihr köstliches Aroma einzugeben. Da auf diese pastorale Weise auch die heilige Dreifaltigkeit geehrt wurde, beachteten die meisten Haushalte der Provence diese Tradition noch immer sehr genau. Cabassac folgte ihr in dem Wissen, daß sein Traum um so intensiver sein würde.

Und das war er. Drei Abende später rührte er drei der nun voll balsamierten Eier mit der in dünne Scheiben geschnittenen Trüffel zusammen und briet sie ganz kurz. In seiner hohen, düsteren Küche, an einem mit Öltuch bedeckten Tisch sitzend, über dem eine Korblampe brannte, vollzog er sein eigenes, privates Sakrament und aß seine *brolhada de rabassa* in einem Zustand totaler Konzentration. Jeden Bissen hielt er im Mund, um seinem Gaumen nur ja keine Nuance des exquisiten Geschmacks entgehen zu lassen. Leicht zubeißend, dann die Gabel wieder langsam in die aromatische Masse schiebend, staunte er über das wunderbare Essen vor ihm, das weit sinnlicher, fleischlicher, wild-ähnlicher war – dachte er – als jedes andere pflanzliche Lebensmittel. Die Trüffel war viel eher das Fleisch eines längst vergessenen Opfertieres denn der Pilz, als der sie nur zu oft betrachtet wurde.

Die Reste spülte er mit Schlucken eines schweren, beinahe körnigen Rotweins hinunter, wobei er den Nachgeschmack fast ebenso genoß wie den Geschmack selbst. Er ließ sich in den Einfluß der Trüffel ziehen wie in den einer allmählichen, aber alles umfassenden Hypnose. Er aß leicht an diesem Abend. Außer der *brolhada* und zwei dicken Scheiben Roggenbrot, mit denen er den Teller sauber wischte, aß er nichts außer einem schmalen Keil mondweißen Ziegenkäse. Er begann bereits zu fühlen, wie seine Spannung sich löste, wie seine Nerven sich dehnten. Beruhigt und bestätigt von dieser Drüse der Erde, trat er bereits in jenen trägen, verheißungsvollen Zustand ein: in die *disposicioun*, wie er es nannte.

Einem strengen Satz hochritualisierter Gesten folgend, setzte sich Cabassac in einen schweren Lehnstuhl mit strohgeflochtenem Rücken, trank eine Schale Verbenentee, blätterte in einem philologischen Aufsatz und wartete darauf, daß die hohe Pendeluhr in seinem leeren Flur neun Uhr schlug. Genau um neun, als das mit einem Kranz von vergoldeten Rosen geschmückte Pendel die Stunde schlug, ging Cabassac schlafen. Oben, unter der dunklen Balkendecke seines Schlafzimmers, zeugte nur sein Bett von der Aufmerksamkeit, die er bei der Vorbereitung noch dem kleinsten Detail zollte. Die Decken waren straffgezogen, jede Falte präzise, und auch die Kissen lagen da wie Elemente in einer strengen, zeremoniellen Anordnung. Denn dies war in der Tat eine Zeremonie. Sobald sich Cabassac niedergelegt und das Licht ausgeschaltet hatte – er spürte, wie sich sein Körper über die ganze Länge des Bettes streckte –, begann er sich jedes einzelne Detail seines letzten Traumes vor Augen zu halten. Hatte Julieta in diesem Traum nicht wiederholt seinen Namen gerufen? Hatte er nicht im Ton ihrer Stimme eine unverkennbare Dringlichkeit wahrgenommen? Die Notwendigkeit, wie nie zuvor, gehört zu werden? Jeden Augenblick des früheren Traumes ließ er noch einmal wie eine einzige, kontinuierliche Folge vor sich ablaufen, wie ein Magnetband in seinem Gedächtnis, und dann schlief er ein. Und sobald er schlief, ging sein früherer Traum schnell in den nächsten über. Innerhalb weniger Minuten hatte Cabassac Julieta zum Leben erweckt. Er fand sie wieder kniend im selben Garten, ihre Schultern glänzend vor einem Flammenmeer aus hohen Mittsommerblüten. Dieses Mal aber wandte sie sich ihm zu, sah ihm ins Gesicht. Dieses Mal sprach sie ihn mit einer Reihe von kurzen, rätselhaften Sätzen über die unbegreifliche Entfernung hinweg an.

»Philippe«, rief sie. »Komm näher, Philippe.« Cabassac fuhr ihr in dem Moment mit beiden Händen durch ihr schimmerndes, kurzgeschnittenes Haar. Aber das konnte Julieta nicht wissen.

»Näher«, bat sie, als stünde Cabassac auf der anderen Seite eines tiefen Abgrundes. »Kannst du mich hören, Philippe? Kannst du das?«

Er hörte sie nicht nur, er fühlte sie, roch sie, verlor sich in dem natürlichen, harzigen Duft, der aus jeder ihrer Poren drang.

»Weil da was ist«, fuhr sie fort, die Stimme noch immer erhoben, um die vermeintliche Distanz zu überwinden, »etwas, was ich dir sagen muß.«

»Sag's mir«, flüsterte er.

»Etwas Wundervolles, etwas vollkommen Wundervolles«, rief sie aus, »wenn du nur etwas näher kommen würdest.« Cabassac war ihr so nahe, wie ein lebender Mensch einem anderen sein konnte. Er war mit ihr verschmolzen, untrennbar, sein Körper gehörte nicht länger ihm selbst, sondern war Teil der Vereinigung, die letztlich niemandem gehört, und er flüsterte es in ihre warme Ohrmuschel: »Sag's mir. Sag's mir, *ma Julieta.*«

Sie aber rief weiter und weiter. Hoffte offenbar noch immer, daß Cabassac aus der unauslotbaren Ferne heraustreten werde, denn sie hatte »etwas Wundervolles, etwas vollkommen Wundervolles«, das sie ihm mitteilen wollte.

II

Cabassac hatte Julieta zum ersten Mal bei seiner Einführungsvorlesung zur provençalischen Linguistik gesehen. In dem düsteren Hörsaal, in dem er jedes Jahr seine leuchtenden Erkenntnisse über die sterbende Sprache vortrug, hatte sie sich in die allerletzte Reihe gesetzt. Cabassac begann mit einigen vorläufigen Bemerkungen über die gallo-romanischen Ursprünge des Provençalischen und nahm die meisten seiner Zuhörer gar nicht wahr, aber sie fiel ihm trotzdem sofort auf. Vielleicht zog die schiere Intensität – fast ein Lichtstrahl – ihrer Konzentration seinen Blick auf sie. Sie schrieb mit, eine Notiz nach der anderen, und sah dann manchmal auf, weniger mit den Augen, so schien es, als mit der hohen weißen Stirn. Völlig vom Gegenstand der Vorlesung gefangen, schuf sie einen eigenen Raum um sich selbst.

Während der Dauer der Vorlesung versuchte Cabassac, seine Gedanken von der dunkelhaarigen Fremden fernzuhalten, die da am äußersten

Ende des schattigen Hörsaals saß. Aber sein Blick kehrte immer wieder an denselben magnetischen Punkt zurück, ein Punkt, der von Lichtfacetten auf vollem, dunklem Haar umrahmt wurde. Und mit jedem Blick wuchs in ihm eine gewisse Befriedigung. Diese hochkonzentrierte Studentin hörte nicht nur zu, sondern schien jede einzelne seiner Bemerkungen niederzuschreiben. Seine Worte, begriff er, traten in die innere Welt ihrer Gedanken ein, dort, wo Reflexion und Empfindung lagen. Etwas von ihm, gleichgültig wie unbedeutend, war in sie eingedrungen, schlug in den dunklen Kammern da drinnen Wurzeln.

Woche um Woche, Vorlesung nach Vorlesung, beobachtete er die junge Frau, die immer allein ihren Platz in der letzten Reihe des Hörsaales einnahm, ihr Notizheft aufschlug und Seite um Seite mit Notizen füllte. Irgendwann gegen die Mitte des Semesters war ihm sogar aufgefallen, daß sie Linkshänderin war: eine Beobachtung, die Cabassac wie eine kleine, aber ihm teure Neuerwerbung aufnahm. Ansonsten wußte er nichts über seine aufmerksame, fleißige, aber vollkommen distanzierte Studentin. Erst bei der letzten Vorlesung vor den Weihnachtsferien lernten sie sich kennen. Die Vorlesung selbst, in der es um die Geophonetik des Provençalischen gegangen war – das heißt um die Variationen, die verschiedene regionale Dialekte voneinander unterschieden –, hatte eine Reihe von Studenten, die sich für dieses rätselhafte, oft widersprüchliche Thema interessierten, dazu gebracht, nach der Vorlesung noch dazubleiben, um mit ihm zu sprechen. Sie umringten ihn, und zu seiner Überraschung war auch sie gekommen und schloß sich dem kleinen Kreis an. Geduldig stand sie da, stellte selbst keine Frage, wartete ab, bis die anderen die ihren losgeworden waren. Es dauerte fast eine halbe Stunde, bis sich der Kreis der Studenten langsam auflöste und sie beide einander schließlich gegenüberstanden. Selbst dann wußte sie nichts zu sagen. Selbst dann stand sie stumm da und starrte Cabassac an, nicht mit den Augen, sondern mit ihrer hohen, leuchtenden, weißen Stirn.

Es war Cabassac, der schließlich das Schweigen brach. »Sie sind mir aufgefallen«, sagte er ein wenig zu seiner eigenen Überraschung. »Sie sitzen immer in der letzten Reihe, nicht wahr?«

Ihre Lippen bewegten sich in einem leisen, kaum wahrnehmbaren Lächeln der Zustimmung. Im selben Moment blickten ihre Augen – mattdunkel, unergründlich – unter der Stirn auf und trafen seine.

»Sie machen sich eine Menge Notizen, nicht?«

fuhr Cabassac fort, der eine Unterhaltung in Gang bringen wollte, egal wie. »Ich glaube nicht, daß es noch einen Studenten gibt, der so viel mitschreibt wie Sie«, fügte er hinzu, die ersten Worte aussprechend, die ihm einfielen, nur um die Stille zu füllen.

Wieder weiteten sich ihre Lippen ein wenig. Aber dieses Mal, wie Cabassac sah, ein wenig mehr als zuvor. Sie glänzten feucht.

»Und«, fuhr Cabassac fort, der bereit war, jeden Vorwurf unangemessenen Benehmens auf sich zu nehmen, nur um das Schweigen zu brechen, »Sie sind Linkshänderin, nicht wahr? Ja, das ist mir aufgefallen. Ich habe Sie beobachtet«, gestand er, »Sie haben Seite um Seite mit der linken Hand vollgeschrieben.«

Jetzt weiteten sich ihre Lippen noch mehr, hoben sich in den Mundwinkeln, aber ihr Blick blieb distanziert, fern, umsichtig, erfüllt von einer unerschütterlichen Entschlossenheit. Cabassac seinerseits fiel nichts mehr ein. Gegen jede Faser seines Wesens hatte er nun keine Alternative mehr, er mußte sich jetzt entschuldigen. Er mußte sich entschuldigen und gehen. Er sagte dieser hochgewachsenen, verwirrenden Fremden, daß er spät dran sei. Daß er an diesem Nachmittag einen Termin in Aix habe. Daß er sich aber freue, sie gesprochen zu haben. Daß er ihre Bekanntschaft gemacht habe. Daß sie vielleicht zu einer anderen Zeit Gelegenheit haben würden, wie er es ausdrückte, »ein paar Worte zu wechseln«. Dann, als er sich umwandte, um zu gehen, fügte er fast als Nachgedanken hinzu, den Mantel schon um die Schultern geworfen: »Ich habe meinen Wagen unten am Wall stehen. Kann ich Sie irgendwohin mitnehmen?«

Ihre Antwort war kaum wahrnehmbar. Sie kam in der Form eines Nickens, ein Bejahen, das so angedeutet war, so zart, so ganz unwahrscheinlich, daß Cabassac nicht glauben wollte, daß etwas möglicherweise so Bedeutsames durch eine so winzige Geste ausgedrückt werden konnte. Aber es war Zustimmung. Und ihr folgte, nur einen Augenblick später, eine kleine flatternde Bewegung ihrer langen, schmalen Hand, die besagte, daß Cabassac einen Moment warten möge, während sie ihre Sachen holte.

Für Cabassac sollte dieses Nicken, diese winzige Neigung ihrer Stirn, im Rückblick den genauen Zeitpunkt markieren, an dem der Rest seines Lebens begann. Selbst damals, in diesem Augenblick, spürte er dunkel die enormen Implikationen, die in dieser kleinsten aller Gesten lagen.

Als sie eine volle Viertelstunde später zurückkam, trug sie nicht nur ihren Studentenrucksack, sondern auch einen karierten Koffer. Ohne zu zögern nahm Cabassac ihr den Koffer aus der Hand und führte sie mit einem kurzen Blick durch die dunklen Flure der Universität hinaus auf die Straße. Von dort gingen die beiden schnell und bestimmt weiter – ihre Schritte fast aufeinander abgestimmt, ihre nur einen Sekundenbruchteil hinter den seinen – zu Cabassacs Wagen, der am alten Festungswall der Stadt geparkt war. Sie gingen, als hätten sie diesen Weg jeden Tag ihres Lebens zusammen zurückgelegt. Als könnte nichts auf der Welt natürlicher sein. Sogar daß sie nicht redeten, während sie gingen – fast im Gleichschritt –, wirkte wie Komplizentum. Es war, als ob alles, was jetzt geschehen mochte, bereits entschieden sei, vorbestimmt von Anfang an.

SIE BEGANN ZU REDEN. ALLMÄHLICH KAMEN die Worte. Mit großer Bedachtheit begann sie Cabassac von Teilen und Bruchstücken ihres Lebens zu erzählen, während sie nach Süden fuhren, in Richtung Aix. Er erfuhr zum Beispiel, daß sie während der letzten zwei oder drei Jahre ohne feste Bleibe gewesen war, sie hatte hier und dort geschlafen, auf dem Sofa einer Freundin an einem Ort, im Bett eines Liebhabers an dem anderen. Sie hatte sogar den ganzen Sommer illegal in einem aufgegebenen Schlafsaal eines Studentenheims gewohnt. Mehr als das, was sie sagte, faszinierte Cabassac, wie sie es sagte. Denn sie gab jedem Wort eine Art von Gewicht, eine Betonung, als drückte das Wort nicht nur aus, was es zu sagen hatte, sondern – wie in einem Gefäß, das der Wind mit Tönen erfüllt – als enthielte es das, was es bedeutete, in einem eigenen magischen Raum.

Und auf diese Weise, ein Wort statt eines anderen wählend, hier zögernd, dort vorwärtsdrängend, die eigene Rede überall ein wenig redigierend, bot sie Cabassac ein Porträt ihrer selbst an – ihrer eigenen regellosen Existenz –, in der die Worte offenbar sehr viel mehr Substanz hatten als die Geschehnisse selbst. Cabassac war nicht überrascht zu hören, daß sie eine Waise war und von Ordensschwestern in verschiedenen ländlichen Konventen aufgezogen worden war. »Gebete«, murmelte sie, als sie sich an diese Jahre erinnerte, »diese langen, endlosen Gebete.« Als Cabassac die Fremde, die neben ihm saß – das schwarze Haar blitzte in den ab und zu durchbrechenden Strahlen der Wintersonne auf, die durch die

Windschutzscheibe fielen –, fragte, um was sie in jenen frühen Jahren gebetet hatte, sagte sie einfach und klar: »Daß sie aufhörten. Daß die Gebete aufhörten, ein für allemal.« Dann suchte sie wieder zögernd nach dem Wort, den exakten Worten, die dem Gestalt geben konnten, was offenbar eine gestaltlose Existenz gewesen war, und fügte hinzu:

»Daß die Gebete enden sollten. Enden, damit alles andere beginnen konnte.« In einer Welt gescheuerter Holzböden, in den riesigen Schatten, die die makellosen Hauben der Nonnen warfen, hatte sie die ganze anstrengende Zeit hindurch darauf gewartet, daß es schließlich endete.

»Und hat es das?« fragte Cabassac. »Hat es geendet?«

»Nein«, sagte sie mit einem kurzen Kopfschütteln. »Nein, nicht wirklich«, fügte sie ein wenig zerknirscht hinzu. »Ich glaube, ich hoffe immer noch, daß es das tut.«

Sie treibt so dahin, dachte Cabassac, von einer Wohnung zur nächsten, von einem Liebhaber zu einem anderen. Oder sie blickt einfach in ihr eigenes untröstliches Spiegelbild, das eine endlose Folge identischer Spiegelungen ist. War sie nicht auch so in seine Vorlesung getrieben, und jetzt in diese Begegnung, diesen Austausch, in diesen exakten Moment, da sie den langen trichterförmigen Korridor einer ländlichen Allee entlangfuhren, der auf beiden Seiten von unbelaubten Platanen synkopisch begleitet wurde. Nein, sie trieb nicht nur dahin, korrigierte Cabassac sich selbst, denn hatte er nicht selbst beobachtet, wie aufmerksam sie seine Vorlesungen verfolgt hatte, den ganzen Herbst hindurch? Wie fleißig sie mitgeschrieben hatte? Irgend etwas hatte sie in den Hörsaal gezogen, und dann, an diesem Nachmittag, in sein Auto, auf die Straße und dahin, wohin sie beide unterwegs waren. Was immer das war, schloß er, es hatte nichts Zufälliges an sich.

In Aix holte sich Cabassac einige philologische Studien aus der gut ausgestatteten Universitätsbibliothek, führte ein kurzes Gespräch mit einem Kollegen und machte ein paar Besorgungen am breiten, stattlichen Cours Mirabeau. Während dieser Zeit blieb seine neugefundene Gefährtin, deren Vornamen er immer noch nicht kannte und deren Alter er nur auf vielleicht fünf- oder sechsundzwanzig schätzen konnte, stets an seiner Seite. Sie wandte sich um, wenn er sich umwandte, setzte sich, wenn er sich setzte, sie folgte seinen Bewegungen, aber immer, wie er feststellte, mit einem Sekundenbruchteil Verzögerung. Hatte er diese Eigenheit nicht schon bemerkt, als sie vor ein paar Stunden die Stadtmauer entlang zu seinem Wagen gegangen waren? Dieser winzige Intervall faszinierte ihn, denn er drückte – mitten in dem, was sie zu Cabassac gezogen hatte – ein gewisses Zögern aus; eine Reserve, wie klein auch immer, in bezug auf das, was vor ihnen lag. Sich mit ihm umdrehend, sich setzend, wenn er sich setzte, erhielt sie sich nichtsdestoweniger eine gewisse Autonomie.

Meistens war sie still, nahm die Geräusche auf, die Atmosphäre, das Licht, das auf die reichgestalteten ockerfarbenen Fassaden der *hôtels particuliers* fiel. Sie war besonders zu dem hingezogen, was sie in ihre abgerissenen kleinen Wortfolgen verwandeln konnte. »Mandarinen«, erklärte sie – fast wie ein Kind – vor einem Obststand.

»Mögen Sie welche? Wollen wir uns eine Tüte kaufen?« schlug Cabassac vor.

»Mandarinen«, wiederholte sie und lächelte. Offensichtlich freute sie sich mehr am Wortlaut der Winterfrucht als an der Aussicht, sie zu essen. Dann fügte sie zerstreut hinzu: »Nein, nein danke. Es ist aber so schön, sie zu sehen. Einfach die kleinen grünen Blätter am Stiel zu sehen, wie Flaggen im Wind«, sagte sie, stolz auf den Vergleich, auf den sie offenbar in dem Moment gekommen war. »Genau wie kleine grüne Flaggen«, wiederholte sie, »die im Wind flattern.«

DER REST, BEGRIFF CABASSAC, WÜRDE GANZ einfach sein, unproblematisch. Würde überhaupt keine Erklärungen erfordern. Wenn sie die Hochebene hinter Aix entlangfuhren, wo das Land von den strengen schwarzen Linien der Weinstöcke beherrscht wurde, brauchte er der Fremden nur sein Haus zu beschreiben – dieses riesige baufällige Bauernhaus. Daß er seit dem Tag seiner Geburt darin gelebt hatte, auf einem Hof, der seinen Eltern und vor ihnen ihren Eltern und wiederum deren Eltern gehört hatte, über acht Generationen; ein Haushalt, der immer – neben all den Geburten, Taufen, Hochzeiten und Todesfällen – alles an Lebensmitteln hervorgebracht hatte, was man zum Überleben brauchte. Es war ein Haus voller Erinnerungen an gepflückte Früchte, gedroschenes Getreide, geräuchertes Fleisch. Ein Hof, der nicht nur sich selbst erhalten und in einem Zustand fast vollständiger Selbstgenügsamkeit existiert hatte, sondern auch für zahllose andere die Quelle des Lebensunterhalts gewesen war. Das Haus stand in der Mitte von Scheunen, Ställen, Hühnerhäusern, die mit ihm im Laufe des letzten halben Jahrhunderts verfallen waren, weil die stetige Abwanderung – die Landflucht – seiner Bewohner die alte Lebensform unmöglich gemacht hatte. Es war niemand mehr da, der die Feldarbeit machte oder, was das betraf, die fünfzehn Zimmer des Hauses selbst bewohnte. Niemand, erklärte Cabassac, außer einer alten Tante, einer »agrarischen Reliquie«, wie er sie beschrieb.

»Und Tauben?« fragte die junge Frau. »Hält da niemand mehr Tauben?« Als sie die Frage stellte, ging sie ins Provençalische über. Statt des französischen *pigeons* gebrauchte sie den provençalischen Ausdruck: *pijons*.

Für Cabassac war die winzige Abweichung in der Aussprache eines einzigen Wortes ein gutes Stück mehr als eine einfache linguistische Nuance. Sie bedeutete Nähe. Den Ausdruck der Verwandtschaft. »Nein«, antwortete er, selbst ins Provençalische übergehend, »die Tauben sind schon lange nicht mehr da.« Und von dem Augenblick an sprach er nie mehr anders mit ihr als in der Sprache der sterbenden Kultur, mit diesen fast verlorenen Lauten. »Die Tauben sind mit dem Weizen verschwunden«, erklärte er. »Mit all den endlosen Weizenfeldern, die sie früher ernährt haben. Sie sind weg, sie sind alle weg.«

»*Pijons*«, murmelte sie, freute sich wieder am

Klang eines einzelnen Wortes, am Zauber der Silben.

»Als ich ein kleiner Junge war«, erinnerte sich Cabassac, »begrüßten uns die Tauben jedesmal, wenn wir auf den Hof zurückkamen, mit einer großen weißen Wolke aus Flügelschlägen. Sie klangen wie Wäsche. Wie Wind, der in eine Wäscheleine mit frisch herausgehängter, noch nasser Wäsche fuhr.« In diesem Moment indessen, als Cabassacs weitläufiges Steinhaus in Sicht kam, grüßte sie nichts als ein kleiner Schnörkel – ein Korkenzieher – aus blauem Rauch, der sich über einem schmalen Kamin erhob. Außer diesem dünnen Signal schien das Haus in der Vergangenheit erstarrt zu sein. Selbst die lange Auffahrt, auf beiden Seiten von kräftigen, jetzt kahlen Maulbeersträuchern gesäumt, erschien als wenig mehr als eine Erinnerung an eine einst blühende Landwirtschaft. Nichts an dem geräumigen Komplex deutete auf das Vergehen von Zeit, wenn man von dem Verfall der Gebäude absah.

Als sie eingetreten waren, führte er sie in die Küche, wo der eiserne Herd auf der einen und der offene Kamin auf der anderen Seite für Wärme sorgten. »Warten Sie hier einen Moment«, sagte er. »Ich mach das Zimmer fertig.«

Sie blickte ihn an, hochgewachsen, arglos, der

Riemen ihres Rucksacks um ein Handgelenk gelegt. Wieder fiel ihm auf, daß ihr Blick unter der hohen, leuchtenden Stirn hervorzukommen schien. »*Madamisello?*« fragte er, denn er kannte ihren Vornamen noch immer nicht.

»Julieta«, murmelte sie, und ein Lächeln breitete sich auf ihren Lippen aus.

»Hier«, sagte er, »hier hast du es bequemer, Julieta.« Und er zog einen schweren provençalischen Lehnstuhl an den Kamin. Von Anfang an behandelte er sie mit nie nachlassender Ehrerbietung. Schenkte ihr, von diesem ersten Nachmittag an, die Art von Aufmerksamkeit, die man einem hochgestellten Besuch erwies. Als er sie zu dem Lehnstuhl führte und ihr den Rucksack abnahm, spürte er die Berührung einer alten Erinnerung. Hatte er nicht in früher Kindheit eine andere hochgewachsene, stattliche, aber ihm entfremdete Gestalt zu demselben Lehnstuhl geführt? Sehr zerbrechlich war sie gewesen, vielleicht in den letzten Wochen ihres Lebens, nicht mehr fähig, sich um irgend jemand anderen zu kümmern, am wenigsten um ihren eigenen Sohn. Aber hatte sie da nicht eine unauslöschliche Erinnerung in ihm hinterlassen? Wie flüchtig der Eindruck auch gewesen war, er hatte ihn nie vergessen. Mehr noch, hatte sie nicht auch schimmernde volle schwarze Haare gehabt, eine lange römische Nase, ein Gesicht, das – herzförmig geschnitten – in einer vollkommenen, zarten Kinnfalte auslief. War das nicht so? fragte Cabassac sich immer wieder, als er sich entschuldigte und hinausging.

In der nächsten halben Stunde fegte er einen der leeren Schlafräume im oberen Stockwerk, wischte Staub, öffnete die Läden und leerte Regale und Schränke, bezog das eiserne Bett mit dem besten Leinen, das er besaß, und legte Stapel von frischen Handtüchern in das Bad. Schließlich schleppte er zwei zusammenpassende Nachttische hinein und legte nicht nur ein Spitzendeckchen auf jeden der beiden, sondern setzte auch noch eine Kristallvase mitten darauf. Jetzt im Dezember gab es natürlich keine Blumen. Aber er stellte die Vasen sozusagen »vorläufig« dorthin – wie er ihr erklärte, »für all die Blumen, die kommen werden«.

So wurde Julieta empfangen. So wurde sie an jenem späten Dezembernachmittag aufgenommen. Neben einem Bett, einem Schlafzimmer und allem, was dazugehörte, wurde ihr jede denkbare Aufmerksamkeit geschenkt, die eine Person einer anderen erweisen konnte. Cabassacs Verliebtheit, durch die Jahre ungemilderter Einsamkeit vertieft, hatte sich mit einer Intensität – einer Ausschließlichkeit – auf diese Studentin gerichtet, die ihn selbst erstaunte. Es gab nichts, was dieser überzeugte Junggeselle, dieser *vieux garçon*, nicht für sie getan hätte. Von diesem ersten Nachmittag an kochte er für sie, servierte ihr die einfachen, aber köstlichen Landgerichte, brachte ihr angewärmte Handtücher an die Badezimmertür und las ihr vor. Seite um Seite der Lyrik in jener fast ausgestorbenen Sprache, die beide liebten, trug er ihr vor, während sie am Kamin saßen, in dem Eichenscheite brannten. Cabassac hatte das Holz gehackt, hatte es hereingetragen, es mit kleinen Zweigen in Brand gesetzt, während seine angebetete Julieta tief in dem hohen gepolsterten Lehnstuhl saß, die langen Beine unter sich gezogen wie ein brütender Flamingo.

»*Encara un pauc d'airgardent?*« fragte er sie. »Noch einen Tropfen Geist?« Sie hatten Quittenlikör aus winzigen Gläsern genippt, während Cabassac vorlas und Julieta – vollkommen konzentriert – zuhörte.

Mit einem kurzen Kopfschütteln, das ihr Haar schimmern ließ, sagte sie nein, sie habe genug. Dann fügte sie mit einem winzigen Lächeln hinzu: »Aber warum? Warum?«

»Warum was?« antwortete Cabassac ein wenig verwundert.

»Warum das alles? Dieser Likör? Dieses Feuer? Diese Gedichte?« Nach einem Moment des Zögerns fuhr sie fort, drückte sich, wie sie es oft tat, in einer Folge von abgerissenen, atemlosen Sätzen aus: »Es ist so viel. So sehr viel. Diese Zimmer, dieses Haus, das Bett, in dem ich schlafe. Aber warum? Warum tust du das?« Sie blickte Cabassac an, dessen stahlgerahmte Brillengläser das Licht des offenen Feuers spiegelten.

Aber wie hätte Cabassac das beantworten sollen? Er konnte es sich nicht einmal selbst erklären. Irgendwo aber war da ganz am Rande seiner frühesten Kindheitserinnerung diese andere Gestalt: diese zerbrechliche, stattliche, unvergeßliche Präsenz. Wie eine Kamee, dachte er, in sein Bewußtsein geschnitzt. Wie ein tief eingebettetes Medaillon. Es war alles, was von seiner Mutter geblieben war, ihre Hand, die manchmal seine Wange streifte oder sich plötzlich auf seine drei Jahre alte Schulter legte, um sich zu stützen, so schnell verschlechterte sich ihr Zustand. Ein Bild, dachte er, ein einziges schwaches Bild. Aber ist es letztlich nicht gerade ein solches Bild, das die Sehnsucht wachruft: eine fast verlorene Erinnerung? Dieses Bild, das dann eine andere, eine vollkommen Fremde, mit ihrer zufälligen Ähnlichkeit in Flammen setzt? War es das, was Julieta, ohne es zu wissen, freigesetzt hatte? Sie, die halb so alt war wie er, die leicht seine Tochter hätte sein können, war durch diesen Zufall allein in den Rang der Geliebten erhoben worden.

»Ich weiß es nicht. Ich kann es nicht wirklich erklären«, erwiderte Cabassac schließlich. »Aber manchmal, wenn ich sehe, wie du da sitzt – heute abend, zum Beispiel –, die Beine untergeschlagen, und wie deine Hände durch dein Haar fahren, bedeutest du mir mehr«, gestand er, »als alles auf Erden.« Als er das sagte, war seine Stimme ebenso nüchtern, sachlich, wie grenzenlos ehrerbietig.

Julieta erwiderte seinen Blick ruhig und unerschrocken.

»Mehr auf jeden Fall, als ich sagen kann«, sagte er und stand auf.

Noch immer sah sie ihn vollkommen gelassen an, schenkte ihm den unergründlichen Reichtum eines einzigen, einzigartigen undurchschaubaren Lächelns.

»Ja, mehr, weit mehr ...«, wiederholte er, als er zu ihrem Lehnstuhl hinüberging und sie auf ihr glänzendes schwarzes Haar küßte. »Gute Nacht«, flüsterte er und blieb noch einen Moment länger bei ihr stehen. »*Bòna nuech*«, sagte er in dem sterbenden Idiom, das die beiden wie instinktiv zur Sprache ihrer Intimität gemacht hatten.

Zu dieser Zeit war es – in den ersten Tagen ihres Zusammenlebens –, daß Cabassac in das hohe, ledergebundene Tagebuch, das er führte, schrieb: »Vielleicht ist es nicht so sehr eine Person, in die wir uns verlieben, als eine Distanz, eine Tiefe, die diese Person zufällig verkörpert.«

Für Cabassac war Distanz, Tiefe etwas, wie ihm allmählich klar geworden war, was von jener fast verschwundenen geliebten Gestalt, seiner Mutter, heraufbeschworen worden war. Sie war es, die die Kriterien für jede andere Präsenz bestimmt hatte. Für jede andere Gestalt. Hatte jemand je dieser halluzinatorischen Beschreibung so vollkommen entsprochen wie Julieta? fragte er sich. Niemandes Porträt hatte so ideal in den leeren Rahmen gepaßt. Natürlich hatte es andere gegeben. Cabassac hatte eine lange Liaison mit einer überaus freundlichen, kultivierten *bourgeoise* aus Bormes-les-Mimosas gehabt. Sie hatte sich nicht nur selbst angeboten, sondern versucht, jedes seiner Bedürfnisse zu befriedigen, hatte ihn – Tag und Nacht – mit jeder denkbaren Aufmerksamkeit überschüttet, hatte jede seiner Launen, seiner Neigungen und seiner Vorlieben entsprochen. Sieben Jahre lang hatte sie sich im vollsten Sinne des Wortes diesem grübelnden, nachdenklichen, kräftig gebauten Gelehrten gewidmet. Die Verbindung hatte sich jedoch wie von allein wieder gelöst. Was gefehlt hatte, glaubte Cabassac, war die Tiefe, die Dimension, die ihn so eindeutig zu Julieta zog.

Denn Julieta war, wenn irgendwo, dann in diesen Bereichen zu Hause. Sie wanderte in den Wüsteneien herum, in denen nur noch die Sprache dazu dienen konnte, den Raum zu markieren und die Richtung zu weisen. In diesen Unendlichkeiten wählte sie hier ein Hauptwort, dort ein Partizip aus, wie andere Ringelblumen pflückten, oder Heilkräuter oder gefleckte Pilze. Ansonsten schien sie sich in aller Muße in einer Weite aufzuhalten, die mit der normalen Welt nichts zu tun hatte: einer Weite indessen, die Cabassac mit ihrer Leere nicht nur faszinierte, sondern ihn auch stimulierte – und erregte. Denn dort, in diesen sich ständig verändernden Landschaften, kannte er sich gut aus, konnte ihr, die so offensichtlich Hilfe brauchte, geben, was ihr fehlte.

Von Anfang an hatte er das Bedürfnis gehabt, sie zum Sprechen zu bringen, ihre langen Pausen zu füllen, ihr Schweigen zu brechen, ihr Wörter zu geben. Er wollte die Leere, die er in ihr spürte, mit jeder artikulierten Faser seines Wesens füllen. Julieta ihrerseits war begierig, alles, was er sagte, aufzunehmen, zu empfangen, sich zu eigen zu machen. In dieser Woche zum Beispiel hatte Cabassac ihr eine kleine Lehrstunde gegeben, die sich damit befaßte, daß es im Dialekt der Alpes-de-Haute-Provence gewisse Lautverschiebungen gab: das wohlklingende »a«, zum Beispiel, in Wörtern wie *aperamount*, das in solchen Regionen »oben« bedeutet, »da oben« oder »in der Höhe«. Er sah zu, wie sie das Wort schweigend einübte, die Lippen bei der ersten Silbe auseinanderzog, sie bei der zweiten wölbte und schließlich um die dritte legte, als bliese sie einen Kuß in die Luft. »*Aperamount*«, sagte sie dann laut, von diesem Adverb fasziniert, als wäre es ein Schlüssel, der ihr vielleicht irgendwann Eintritt in eine sonst unzugängliche Region ihrer verlorenen Vergangenheit gewähren könnte.

»*Mena me aperamount*«, sagte sie dann in einem plötzlichen Ausbruch von Übermut. »Bring mich ins Hochland«, wiederholte sie. Es war weniger eine Aufforderung als eine Erklärung, eine Laune, welche die unerwartete Form eines Befehls angenommen hatte. »Ja, *aperamount*, da möchte ich hin …«

Also versprach er es ihr, denn es gab nichts, was Cabassac für diesen angebeteten, doch distanzierten, immer noch fremden Hausgast nicht getan hätte. »Sobald ich Zeit habe, nehm ich dich mit auf die Hochebene, ich verspreche es dir. Ja, wir fahren zusammen in die Berge, *aperamount.*«

Julieta hörte kaum hin. Sie ließ den Laut immer wieder über ihre Lippen gehen, spürte dann mit einem langen, dünnen Finger der Bewegung ihrer Lippen nach, wie um sicher zu gehen, daß der Laut wirklich da war. Daß er eine ganz eigene Physiognomie hatte.

Das Wort hatte offensichtlich etwas in ihr berührt, denn am selben Abend kam Julieta herüber und setzte sich zu Cabassac in ein tiefes Sofa, in dem er eine philologische Studie über unregelmäßige Verben im Rhône-Delta las. Sie kam leise, in Wollsocken und einen langen wollenen Bademantel gekleidet, und setzte sich nicht nur neben Cabassac, sondern drückte sich an ihn, mehr wie es eine Katze tun würde, die die Wärme eines anderen Lebewesens suchte, als eine Frau, die Zärtlichkeit wollte. Cabassac verstand das instinktiv. Einmal war Julieta so viel jünger als er, daß sie seine Tochter hätte sein können. Zum anderen war sie seine Studentin, und Cabassac hätte nie die traditionelle Distanz zwischen Lehrer und Schülerin durchbrochen, die er schon immer streng geachtet hatte, ohne sie jemals in Frage zu stellen. Seine Liebe zu Julieta hatte von Beginn an die Form einer keuschen Verehrung angenommen. Aber dieses tiefsitzende Tabu hatte seine Vergötterung dieser großen, schwarzhaarigen Fremden, die in seinem Haus lebte, seine Mahlzeiten und sogar seinen Tagesablauf teilte, als wäre sie seine Frau oder zumindest seine Geliebte, eher noch verstärkt.

Sie rieb die Schulter an seiner Brust und legte den Kopf an seine Wange, streckte die Arme, wieder wie eine Katze, und murmelte »*aperamount*« in einem einzigen freudigen Ausatmen.

»Ja«, versicherte Cabassac ihr, »sobald ich meine nächsten Vorlesungen vorbereitet habe, fahren wir beide ins Hochland. Wir werden lange Exkursionen auf der Hochebene machen.«

»Weil«, sagte sie, als dächte sie laut, »da etwas ist. Etwas ist da, davon bin ich überzeugt.«

»Was denn?« fragte er.

»Etwas, was mich immer dahin gezogen hat. Das mich angezogen hat«, erklärte sie ihm. »In den

Sommern, zum Beispiel, als ich frei hatte und nicht in einem der Konvente war, bin ich nach Barcelonette hinauf getrampt und hab mir einen Sommerjob gesucht – irgendwas, Heumachen, Ziegen melken, Ziegenkäse in diesen Käsemaschinen herstellen –, nur um da oben sein zu können. Den ganzen Sommer hindurch.« Sie löste sich von Cabassac, stand auf und ging zum brennenden Kamin hinüber, lehnte sich mit ihrer langen Hüfte an die Wand.

»Die Wörter auch«, fuhr sie fort. »Wie ich es geliebt habe, den Wörtern zuzuhören, den alten Wörtern. Es ist, als gäbe es die ganze Landschaft zweimal: einmal die wirkliche, und dann noch eine in der Sprache der Bauern, der Schafhirten. Ja, die Berge, die Hochweiden, die Wasserfälle, die da oben den ganzen Sommer über durch ihren eigenen Schleier fallen. Sie hatten sich in Wörter verwandelt. Wundervolle Gefäße.«

Es waren, das begriff er, natürlich Wörter gewesen, die Julieta zu ihm gezogen hatten. Sie hatten sie nur wenige Tage zuvor durch die Tore der Universität zu seinem Wagen gezogen. Und sie hatten sie schließlich in dieses baufällige Bauernhaus gebracht, mit dem dünnen blauen Rauchkringel über einem seiner unzähligen Schornsteine. Daran hatte er nie einen Zweifel gehabt. Julietas Leidenschaft für die provençalische Sprache, das war ihm klar, ging weit über ein bloßes akademisches Interesse hinaus. Sie hatte etwas mit dem Hochland zu tun. Mit der Weite dort oben. Hatte die Landschaft auf der Hochebene, fragte er sich, irgendeine Kindheitserinnerung dieser jungen Frau wieder aufleben lassen? Dieser Waisen? Hatte sie auf irgendeiner unbewußten Ebene Erinnerungen einer verlorenen Kindheit zurückgebracht? Irgendeine ansonsten erloschene Erbschaft?

Sie erzählte ihm dann von einem Abenteuer – einem *aventuro* –, das sie im letzten Sommer gehabt hatte. »Ich hatte natürlich schon andere, mit Jungen, Männern, den ganzen Sommer hindurch. Einmal sogar mit einem älteren Mann, einem *ferraiaire*, einem Schrotthändler, der eine Führung durch seine Schrotthaufen für mich veranstaltete. Das war in Wirklichkeit eine Vorlesung, und auf provençalisch, über seine ganze heruntergekommene Welt. Sensen und Pflugscharen, die da vor sich hin rosteten. Ein Haufen nach dem anderen. Ich wollte diese alten Handwerke kennenlernen, die Berufe, die es jetzt nicht mehr gibt. Oh, man lernt so viel in den Bergen, man lernt wirklich viel«, rief sie aus, während sie das Feuer schürte, so daß die heruntergebrannte Glut Gold sprühte. »Aber ich will von dem gar nicht erzählen, vom *ferraiaire* und seiner kleinen Hütte, in der ich drei oder vier Nächte verbracht habe, bis mein Körper anfing, nach Rost zu riechen, nach verrottendem Metall. Sondern von den Blätterpflückerinnen. Als ich an einem Morgen auf der Hochebene über Valensole wanderte, sah ich sie, etwa einen halben Kilometer entfernt. Sie pflückten Maulbeerblätter für ihre Seidenraupen. Es müssen mindestens sieben gewesen sein, an dem Morgen, sieben Frauen. Sie unterhielten sich dabei und stopften die fetten, herzförmigen Blätter in große Kopfkissenbezüge. Das ist natürlich eine Frauenwelt, eine Frauenwirtschaft, diese Blätter heranzuschaffen, besonders in den letzten Wochen der Raupenzucht, wenn die kleinen Biester unersättlich werden. Die Frauen nahmen mich mit. Dafür, daß ich ihnen half, ihre Kissenbezüge vollzustopfen, nahmen sie mich auf, gaben mir zu essen, einen Platz zum Schlafen – na ja, versteckt vor ihren Männern, nehme ich an. Eine von ihnen wollte mich sogar für sich selbst. Das war auch nicht schlecht. Das war überhaupt nicht schlecht. Es war, als hätte man eine wilde, leidenschaftliche Mutter, außer Rand und Band, die mir – sobald sie befriedigt war – hohe Gläser Ziegenmilch brachte und Schale um Schale mit frischen Himbeeren. Ich mochte das wirklich. Diese ganze endlose Aufmerksamkeit«, gestand sie, »und ich wünschte mir, daß es nie enden sollte, dieses *aventuro*. Aber warum«, sagte sie, plötzlich mißtrauisch geworden, »warum erzähl ich dir das alles?«

»Mach weiter«, sagte Cabassac.

»Ich habe nie geglaubt, daß ich das mal jemandem erzähle.«

»Weiter, weiter«, sagte er fast flüsternd. »Erzähl's mir.«

»Ich nehm an, ich habe nicht geglaubt, daß ich mal jemanden treffe, dem ich das erzählen könnte«, murmelte sie, während sie auf ihn zukam, und Cabassac stand auf, um sie in Empfang zu nehmen, um sie in die Arme zu schließen, als gehörte auch er zu ihren Ersatzeltern. Und als er das tat, als er ihren langen Körper an sich drückte, atmete er wieder mit tiefer Erregung den harzigen Duft ein, den ihr gesamter Körper auszuströmen schien. Er erkannte in dem Moment, daß dieser natürliche Geruch nicht ein Harz war, das er aus der Küstenregion kannte, auch nicht das der Bas Provence, wo sie lebten, sondern ein Harz der massiven Blautanne, der Fichte und Silberpinie der Hochebenen, die Julieta so stark anzogen. *Aperamount*, murmelte er vor sich hin. *Aperamount*, murmelte er immer und immer wieder, während er Julieta an sich gedrückt hielt und ihren Waldduft einsog.

Eines Morgens hörte Cabassac sie lachen. Sie war unten, half seiner Tante, eines der Dreizehn Desserts für das traditionelle Weihnachtsessen in der Provence vorzubereiten, und sie lachten beide. Diese Tante, die in einem eigenen Flügel des großen baufälligen Bauernhauses wohnte, war schon als junge Frau zur Witwe geworden und hatte nur ein Kind, eine Tochter namens Magalie. Aber Magalie war vor einigen Jahren auf der Suche nach Arbeit nach Kanada gezogen und hatte ihre Mutter allein zurückgelassen. Cabassac, der auch allein war (seine Eltern waren schon ein paar Jahre tot, und er hatte kürzlich die sieben Jahre währende Affäre mit der allzu liebevollen Frau aus der Stadt abgebrochen), hatte seine fast taube, schon ein wenig wunderliche Tante eingeladen, in sein weites, zugiges Bauernhaus zu ziehen. Er hatte das nicht nur getan, um ihr zu helfen, sondern auch um seiner selbst willen. Denn er brauchte Gesellschaft. Vom ersten Tag an aber hatte Cabassac festgestellt, daß seine Tante, Tanto Mirèio, nichts dergleichen benötigte. Mit großer Streitbarkeit und schon halb entrückt, war sie es vollkommen zufrieden, in ihrem Teil des Hauses herumzuwandern, ganz in Schwarz – nur ein paar purpurfarbene auf ihrem Kopftuch verstreute Punkte waren ihre Konzession an eine ansonsten längst verschwundene Weiblichkeit. Sie lehnte jede Form moderner Installation ab, holte ihr Wasser aus dem Brunnen, kochte ihre eigenen Mahlzeiten über dem offenen Feuer und legte einen makellosen Gemüsegarten an, der aus der Entfernung wie ein byzantinisches Mosaik aussah.

Als Julieta ins Haus gekommen war, schlurfte sie öfter und öfter in Cabassacs Räume. Sie brachte dann ganze Körbe voll Wintergemüse aus ihrem Garten mit, besonders – zu der Jahreszeit – lange, grüne Blattstiele der weißen Distel. Hoch wie Vogelscheuchen standen diese eßbaren Disteln mit ihren saftigen Stielen und gezähnten Blättern am Rand jedes Gartens in der Provence, bezeichneten das Ende der Jahreszeit, des Jahres, des Sonnenzyklus.

»Magalie«, rief die Tante aus, »sieh dir Magalie an«, sagte sie, auf Julieta deutend. »Sieh doch nur, ist sie nicht hübsch, meine Magalie!«

Und er sah hin. Sie stand in der Mitte der Küche, ein großes Bouquet aus weißen Disteln in den Armen, den Kopf zurückgeworfen, und lachte. Sie war schön. »Sieh doch nur«, sagte die Tante noch einmal, als deutete sie auf ein Meisterstück, das sie selbst zustande gebracht hatte.

Julieta machte es nicht das geringste aus, Magalie zu spielen, sie tat es sogar sehr gern. Diese liebevolle, halbverrückte Ersatzmutter hatte ihr eine Rolle zugewiesen, und sie spielte sie mit Freuden. Der zurückgelegte Kopf brachte ihren langen Hals zur Geltung, auf dem das Wintersonnenlicht spielte, und Cabassac konnte nur in stummem Erstaunen hinsehen.

»Für mich bist du keinen Tag älter als am Morgen deiner ersten Kommunion«, sagte die Tante. »Weißt du noch? Ich habe dich mit Geißblattsaft eingerieben und dich in gestärkte Krinolinen gesteckt wie eine kleine Prinzessin. Du hast dir immer wieder irgendwas in deinen ersten Büstenhalter gestopft: einen Küchenschwamm, Toilettenpapier, irgendwas, was dir ein bißchen Form gab. Oh, Magalie, weißt du das noch?«

Julieta strahlte Tanto Mirèio an. »Natürlich weiß ich das noch«, sagte sie ohne Verlegenheit. »Wie könnte ich das vergessen?« Und Cabassac fiel in dem Moment ein, daß Julieta und Magalie durchaus viele ihrer Kindheitserlebnisse teilen mochten, auch wenn die eine bei ihrer Familie und die andere in einem Konvent aufgewachsen war.

»In der Woche hattest du deine erste Regel …«

»Ich war so stolz, so stolz.«

»Du hast stärker geblutet als die meisten Mädchen, daran erinnere ich mich. Du hast geblutet und geblutet …«

»Ich hab es auch geschmeckt. Ich dachte, es würde nach etwas Geheimnisvollem schmecken. Sogar nach etwas Magischem«, sagte sie. »Und das tat es auch. Das tat es wirklich.«

»Du hast geblutet und geblutet, das weiß ich noch, und ich habe gewaschen und gewaschen. Deine Laken, deine Nachthemden. Oh, Magalie, es kommt mir vor wie gestern. Kein einziger Tag mehr!«

Die beiden sahen sich wie verzaubert an. Sie waren in eine tiefe fiktive Komplizenschaft eingetreten. Egal, wie illusionär ihre Beziehung war, sie spielten treu die Rolle des Menschen, den die andere vermißte. Die trauernde Mutter, die verlorene Tochter. Sie plauderten in der Küche, knackten Mandeln oder bereiteten lange weiße Splitter der eßbaren Distel für das Weihnachtsmahl vor.

»Guck doch nur«, sagte Tanto Mirèio immer wieder, stolz auf diese Tochter, die Wiederbelebung der schönen, verlorenen Tochter. Dann holte sie in ihrer Aufregung mühsam einen Kranz von künstlichen Blumen aus dem Keller – die Art von Kranz, den die Provençalen traditionell an den Fuß eines Grabsteins legen. Sie riß ihn auseinander und steckte Julieta eine künstliche Rose ins Haar, eine andere in das Knopfloch ihrer schweren Wolljacke. Um diese Jahreszeit gab es keine anderen Blumen, nur die künstlichen aus den gewölbten Speisekammern im Keller.

»Hier, hier auch«, rief Tanto Mirèio, während sie Julieta mit immer mehr Plastikblumen schmückte, nicht nur in jedem Knopfloch ihrer Wolljacke, sondern auch am Gürtel, den Taschen ihrer Bluse, hinter den Ohren. Und ins Haar: ein rosafarbener Spritzer in dem schimmernden Schwarz.

»Meine süße Magalie! Sieh doch nur! Guck dir mein schönes Mädchen an, das endlich nach Hause gekommen ist!« sagte die alte Frau zu Cabassac, die Hände zusammenfaltend und tief befriedigt aufseufzend.

Cabassac sah Julieta hingerissen an. Sie stand still wie eine Statue mitten in der Küche, von den leichenhaften Kunstblumen – diesen steifen, nie welkenden, duftlosen Rosen – geschmückt, und sie hatte nie strahlender gewirkt. Nie lebendiger.

Morgens hörte er sie manchmal baden. Da die Wasserleitungen in ihrem Bad eingefroren waren, kam sie barfuß den engen Korridor herunter – die roten, rautenförmigen Fliesen waren schon lange nicht mehr gewachst worden – und ließ Wasser in die einzig funktionierende Badewanne des Hauses. Das Bad war direkt neben Cabassacs Schlafzimmer. Er lag im Bett und stellte sich vor, wie Julieta sich auszog, er konnte nicht anders. Er stellte sich vor, wie sie nackt in die Emailwanne glitt, die auf vier unverrückbaren Löwentatzen aus Eisen stand. Wenn sie mit der hohlen Hand ein wenig Wasser schöpfte, um es sich über die Schulter zu gießen, oder wenn sie ein Bein aus dem Wasser hob, um es einzuseifen, verursachte das leise Laute, die Cabassac im benachbarten Zimmer in evokative Bilder übersetzte. Jedes dieser Bilder erregte und verstörte ihn gleichermaßen. Der Höhepunkt kam, wenn Julieta sich schließlich mit einem lauten Aufrauschen des seifigen Wassers aus dem Bad erhob. In diesen Momenten sah er sie als hohe, junoartige Gestalt, marmoriert von dem an ihrem Körper herabfließenden Wasser. Ihr langer schlanker Torso schien auf den Punkt in ihrer Mitte zuzustreben, der von einem Strudel drahtigen Haares verhüllt war. Er wollte sie beschützen, aber er begehrte sie auch, und er konnte diesem Widerspruch in sich selbst immer weniger entkommen. Mit jeder Woche fühlte er sich stärker zu ihr gezogen, zu diesem hochgewachsenen, anmutigen und unfaßbaren Hausgast, den er da unter sein Dach geholt, unter seine Fittiche genommen hatte – nicht als Geliebte, sondern als eine verlorene Seele, die, ohne dies je auszusprechen, eine Zuflucht verzweifelt gebraucht hatte.

Er lag da, Morgen um Morgen, und hörte den kaum vernehmbaren Lauten zu, die ihr Ankleiden begleiteten. Ein Reißverschluß hier, das erkennbare Reiben von Kord dort, das Knistern einer gestärkten Bluse. Er lauschte diesen unterschiedlichen Geräuschen wie ein Librettist der Musik: mit ungeteilter, hypnotischer, absoluter Konzentration. Er hörte das leichte Quietschen des beschlagenen Spiegels unter Julietas Fingerspitzen, wenn sie eine Fläche freiwischte, um sich selbst betrachten zu können. Und er konnte sich vorstellen, wie ihr herzförmiges Gesicht – vom Bad gerötet – in diesem glänzenden Oval auftauchte. Sie trug kein Make-up und nahm, glaubte er, nur eine Gesichtscreme, die sie auf die hohen Wangenknochen und die breite Stirn strich. Wenige Minuten später verließ sie das Bad und ging den schmalen Gang zu ihrem Zimmer wieder hinauf.

Sobald er sie die Tür schließen hörte, stand Cabassac auf, warf etwas über und trat selbst ins Badezimmer, das noch warm und dampferfüllt war. Aber er kam nicht wegen der Wärme oder des Dampfes oder eines warmen Bades – er wollte das Oval sehen, die hastigen, breiten Halbkreise, die Julieta nur Augenblicke zuvor auf der Spiegelfläche hinterlassen hatte. Cabassac nahm die Brille ab, brachte seine Augen auf die Höhe des Ovals und blickte hinein, nicht in sein eigenes Gesicht, sondern in etwas, was er sich als die schnell schwindenden Reste von Julietas Spiegelbild vorstellte. Nicht in das Blau seiner eigenen suchenden, fast bettelnden Augen sah er, sondern in das körnige Braun ihrer sich selbst überprüfenden Blicke.

»*Bèn-ama*«, murmelte er, als er die Lippen an die sich schnell auflösende Vision drückte. »*Bèn-ama, bèn-ama*«, wiederholte er, bis sich die halluzinierte Gegenwart seiner angebeteten Waisen, seines seltsamen Idols, ganz verflüchtigt hatte. Bis nichts in dem glänzenden Oval blieb außer Cabassacs eigenem Gesicht, die Lippen noch immer murmelnd und an nichts gedrückt als an die eigenen Beschwörungen.

Um die Mitte des Januar begannen die Lehrveranstaltungen wieder. Die beiden fuhren zusammen nach Avignon, aber sie trennten sich an der Stadtmauer, um den Anschein zu wahren. Auf diese Weise betraten sie den Hörsaal um einige Minuten getrennt. Niemand ahnte etwas, keiner der Lehrer oder Studenten stieß auf die seltsame Komplizenschaft, in die sie eingetreten waren. Julieta und Cabassac waren auch viel zu verschlossen, um irgendeinen Verdacht aufkommen zu lassen. In sich selbst gekehrt, in Schweigen gehüllt, war keiner von beiden ein Mensch, um den sich Gerüchte rankten. Cabassac mußte sich aber immer wieder anhalten, seinen Blick während der Vorlesung nicht zu oft zu ihr wandern zu lassen. Er zwang sich, die Augen systematisch über die Zuhörerschaft schweifen zu lassen, während er sprach. Sein Thema war die Geschichte der *Felibrige*, eines Kreises provençalischer Gelehrter, die um die Jahrhundertwende darum gekämpft hatten, die sterbende Kultur zu bewahren. Er war nie brillanter gewesen.

An den Wochenenden aber waren sie allein. Er hatte die Vorlesungen und Seminare des Semesters schon vorbereitet und war nun frei, mit Julieta an den Wochenenden in das Hochland zu fahren, *aperamount*. Jedes Wochenende stiegen die beiden in Cabassacs kleinen Renault und besuchten eine entlegene Region der Haute Provence. Dort redeten sie mit Bauern, Schmieden, Priestern, immer auf der Suche nach der örtlichen Aussprache eines bestimmten Phonems oder einer kleinen syntaktischen Abweichung, die in der alten, von der Zeit abgeschliffenen, vom Wind verwitterten, vom Tode abgetragenen Sprache noch im Umlauf war.

Entomologen ähnlich, die Käfer sammelten, gingen sie jedes Wochenende auf die Suche nach Lauten. Denn dort, in diesen hohen, isolierten alpinen Gemeinden, hatten sich noch einige der frühesten Spuren der gallo-romanischen Sprache erhalten. »Atemreste«, nannte Cabassac sie. Die Menschen hatten sie in diesen Höhen über zehn Jahrhunderte bewahrt, durch Kargheit, Dürre und Hagel. Das Jahr bestand dort, wie die Bauern sagten, aus drei Monaten Hölle (*tres meses d'infert*) und neun Monaten Winter (*noou meses d'uveart*).

In einer solch harten Welt zirkulierten die Worte wie kostbare Münzen, wie flüchtiges Gold. Sparsam benutzt, waren sie oft das einzige Gut, das die Leute der Hochebene austauschen konnten. Sie hatten eine Sprache kultiviert, die sich fast nur mit fallenden Bäumen und umgeleitetem Wasser befaßte, mit dem Schärfen der Sicheln und dem Heumachen, mit dem Ausräuchern von Bienenkörben und der Herstellung von Salben und Heilkräutern. Cabassac hatte ein ganzes Lexikon kompiliert, in dem es um nichts anderes ging als um Getreide. Es schloß jedes Wort ein, das er in bezug auf die Ernte von Getreide, auf Dreschen und Worfeln und schließlich auf die Verarbeitung der Körner zu Mehl in der Mühle eines schäumenden Gebirgsbaches hatte finden können.

»Es gibt aber kaum ein Wort, fast keines«, vertraute er Julieta eines Tages an, »das Gefühle ausdrückt. Sie hatten ein so hartes Leben, da war einfach kein Raum für den Ausdruck ihrer Empfindungen.« Sie saßen an einem Cafétisch in einem kleinen, sich an den Hang klammernden Dorf der provençalischen Alpen.

»Manchmal fürchte ich mich vor all dem, was sie nicht sagen«, sagte Julieta. »Vor ihrer Verschwiegenheit. All die Dinge, die sie sogar vor sich selbst geheimhielten.« Cabassac sah sie über den Tisch hinweg an. Ihr Blick war arglos, offen, und ihr Haar schimmerte in seinem natürlichen schwarzen Glanz. Sie saß so wach und aufmerksam da wie ein eleganter Wasservogel, der auf einem Stück Treibholz stand.

... all die Dinge, die sie sogar vor sich selbst geheimhielten: ihre Worte hallten in seinen Gedanken nach. Natürlich beschworen solche Lücken im Vokabular einer Sprache interessante semantische Fragen herauf, aber Cabassac mußte auch an die Verschwiegenheit Julietas denken, an die Geheimnisse, die sie umgaben. Ihre Geburt, das Verschwinden ihrer Eltern, die Kindheit in einem ländlichen Waisenhaus nach dem anderen. War sie nicht in eine Welt von Auslassungen, Lücken, hineingeboren worden, in den Stoff so vieler unhörbar geflüsterter Wörter gewickelt?

»Wenn ich also ein Wort finde«, fuhr sie fort, »ist es, als fände ich einen Raum, ein kleines Zimmer, eine Nische, vielleicht sogar eine Laube. Das mag ich so gerne. Das finde ich so gerne. Ein Wort inmitten all der Leere.«

»Noch *tisano?*« fragte er. Sie tranken Verbenentee, die Blätter frisch aus einem winzigen Terrassengarten neben dem Café. Julieta lächelte und nickte.

Jetzt, als er den jadegrünen Tee nicht in eine

Tasse, nicht einmal in eine Schale, sondern in ein Wasserglas goß, in das traditionelle *mountagnardo*-Glas, begriff er deutlich wie nie zuvor, welche Bedeutung die verlorene Sprache für Julieta hatte. Nur in ihr, in ihrer fast vergessenen Grammatik, in den veralteten Partizipien, konnte sie sich selbst erkennen und sich in der Erkenntnis ein Geburtsrecht schaffen, einen Geburtsort, eine eigenständige Legitimation. Sie war nicht hinter einem Universitätsabschluß her, begriff er, sie suchte eine Identität. Und er wollte sie mit diesen Worten füllen, sie – diesen großen eleganten Wasservogel – mit klingenden Brocken füttern. Waren die Worte, die Sprache nicht seine einzige Möglichkeit, ihr näherzukommen, sein einziges Mittel, in diese trügerische Flüchtigkeit ihres Wesens einzudringen, das sonst verschlossene Gefäß zu öffnen und darin den Samen so vieler artikulierter Silben zu hinterlassen?

Er blickte jetzt auf ihr Haar, dessen schimmernde Dunkelheit das alpine Licht blau reflektierte. Während er das tat, spürte er plötzlich, wie sie seine Finger berührte, mit ihnen spielte. Spürte, wie sie seine Hände an den Fingerspitzen umdrehte, erst auf die eine Seite, dann auf die andere.

»Die sind genau wie seine«, murmelte sie mehr

für sich selbst, als an Cabassac gerichtet. »Aber genau«, sagte sie mit tiefer Überraschung.

»Wie wessen?« fragte er.

Julieta war zu sehr damit beschäftigt, Cabassacs Hände zu untersuchen, um die Frage zur Kenntnis zu nehmen. Sie sagte nichts.

»Wie wessen Hände?« fragte Cabassac noch einmal. »An wen erinnern dich meine Hände?« Julietas plötzliche Neugier reizte ihn geradezu.

»Mein Vater«, sagte sie mit kaum mehr als einem Flüstern. »Die Hände meines Vaters«, murmelte sie wieder, während sie weiter starr auf die seinen blickte, mit der Konzentration eines Botanikers, der die Adern eines vollkommen einmaligen Blattes in den Tropen untersucht. Sie zog mit dem Zeigefinger die Linien auf seiner Handfläche nach, und man hätte sie in dem Moment leicht für eine Wahrsagerin halten können, wenn es nicht ihr eigenes Schicksal gewesen wäre, das sie da zu lesen suchte.

»Ich habe angefangen zu träumen«, flüsterte sie, während sie in seine offene Handfläche blickte wie in eine Schale. »Ich träume von ihm, immer wieder, in den letzten Nächten habe ich angefangen, ihn zu sehen. Ich habe meinen eigenen Vater zum ersten Mal in meinem Leben gesehen. Nicht sein Gesicht, zumindest nicht genau. Sein Gesicht ist immer abgewandt, wie verschleiert, im Schatten. Nein, sein Gesicht ist nie klar zu sehen. Aber seine Hände, seine Hände gucken aus den Ärmeln irgendeines makellos sauberen Arbeitshemdes heraus, und die zumindest kann ich sehen. Genau sehen. Nacht um Nacht erscheinen seine Hände, und sie sind genau wie die hier«, wiederholte sie, während sie ihre Fingerspitzen über seine Handflächen gehen ließ wie über zwei gerade ausgegrabene archäologische Gegenstände. Und als sie das tat, schloß Cabassac seine Hände fest um die ihren. Er konnte nicht anders. Er drückte sie mit einer Inbrunst – einer Verzweiflung –, die sogar ihn selbst überraschte. Ihre Blicke trafen sich: seiner erhitzt, verzückt; ihrer nachdenklich, fragend. Sie sah Cabassac nicht wirklich an, sie schien durch ihn hindurchzublicken, als wartete sie auf etwas, was hinter dieser Stirn, den tiefliegenden Augen und dem festen Kinn endlich auftauchen sollte. Das sich ein für allemal manifestieren sollte.

Es dauerte noch bis zum Frühling, bis es tatsächlich geschah. Erst dann wurden sie zu einem Paar, zu dem, was zwischen zwei Menschen weder dem einen noch dem anderen gehört, sondern nur in der Gegenseitigkeit existiert, im Geheimnis jener gleichzeitigen Hingabe. Es geschah fast zufällig. Sie hatten einen abgelegenen Winkel der Haute Provence nach dem anderen besucht, hatten Laute gesammelt, Sprüche, ganze Erzählungen, hatten die letzten Sprecher des fast ausgestorbenen Bergidioms interviewt. Sie taten das beide als Forscher. Auch wenn Cabassac eine Autorität auf diesem Gebiet war und Julieta eine Novizin, teilten sie doch das leidenschaftliche Interesse an der Sprache und liebten das Sammeln schwindender grammatischer Partikel, die einst die Währung einer ganzen menschlichen Gesellschaft gewesen waren.

Als sie an diesem Morgen auf dem Weg ins Hochland waren, *aperamount*, hatte Cabassac das bestimmte Gefühl, daß sie sich dem näherten, was sie unabhängig voneinander, auf ihre eigene Weise, am intensivsten suchten. Sie waren allmählich süchtig geworden nach diesen Höhen, diesen Weiden, den Schafhürden – nach den letzten überlebenden Zeugen einer untergehenden Kultur. Während Cabassac fuhr, blickte er ab und zu auf Julietas klares Profil. Mit dem leicht gehobenen gespaltenen Kinn und der langen, lateinischen Nase sah sie in der reinen Silhouette eher aus wie eine antike Kamee, dachte er. Wie eine in Stein gehauene Mänade – irgendeine Bergnymphe –, die man nur noch in Abbildern kannte.

Nein, verbesserte er sich dann plötzlich selbst. Nein, sie erinnert dich an niemanden, nur an die eine Frau, von der du nur noch ein fernes, verblassendes Bild in dir trägst. Die zarte, aber hochgewachsene Kranke, die damals nicht älter war als Julieta jetzt, und die nur drei Jahre, nachdem sie ihr einziges Kind geboren hatte, an einem seltenen Krebs gestorben war. Ja, sie, die du zum Lehnstuhl am Feuer geleitet hast und die in dir einen Eindruck hinterlassen hat, der, obwohl er so vage, so flüchtig war, die unauslöschlichste Erinnerung deines Lebens ist. Was also ist das hier, fragte Cabassac sich selbst. Was inszenieren wir hier, Julieta und ich? Wer sind diese vagen, verschwimmenden Gestalten, in denen wir Mutter und Vater wiederzuerkennen meinen? Den Vater, den sie wiederfand, als sie in meiner Hand las? Die Mutter, die jedesmal wieder auftaucht, wenn ich einen Blick – gleichgültig wie flüchtig – auf ihr schönes Profil werfe?

DURCH DIE HALBOFFENEN FENSTER, DEREN ZUG Julietas schwarzes Haar in einem einzigen ununterbrochenen Fluß über ihre Schläfen strömen ließ, konnte Cabassac den vollen, alkalischen Duft frisch gepflügter Erde am Rande der Straße riechen. Es war Frühling. Und wenn der Frühling in diesen Höhen spät kam, so kam er – wie alle lang erwarteten Dinge – als uneingeschränkter Segen. Cabassac empfand das sehr intensiv. Die letzten Felder hinter sich lassend, fuhren sie hinauf, auf der linken Seite der Serpentinen stürzte ein schäumender alpiner Bach volle fünfzig Meter tief hinab, und auf der rechten standen wie mit dem Lineal gezogen die geraden Stämme der Eberesche. Immer wieder wechselten sie aus der blendendweißen Helle des Sonnenlichts in Tunnel auf Tunnel scheinbar undurchdringlicher Schatten. Licht und Dunkel, Helligkeit und Schatten lösten sich auf dieser Alpenstraße ab wie Elemente eines obskuren metaphysischen Rätsels.

Als sie wieder aus einem der dunklen Abschnitte herausfuhren, bemerkte Cabassac, daß Julieta die Augen starr auf seine am Steuerrad liegenden Hände gerichtet hielt. Beim Eintritt in eine neue Abfolge von Schatten und Licht leuchteten sie auf und verschwanden wieder, während der Wagen durch die Windungen zum Paß hinaufstrebte, aufblitzend und erlöschend wie eine Erscheinung. Nachdem er mehrmals kurz zu ihr hinüberblikkend festgestellt hatte, daß sie noch immer auf seine Hände sah, fragte er sie: »Hast du noch immer diese Träume?«

»Ständig«, sagte sie tief ausatmend, die Augen jetzt auf die Straße vor ihnen gerichtet.

»Von ihm?«

Sie nickte. »Von ihm«, sagte sie fast flüsternd, »aber auch von der Landschaft hier. Von ihm in einer Umgebung wie der hier, in der alles nach Sägemehl riecht. Nach Sägemehl und dem Rauch von Holzfeuern. Nach Docken frisch geschorener Schafwolle. Ja, ich träume von ihm an Orten wie diesen. Von seinen Händen, seinen Ärmeln, seinem sauberen karierten Hemd. Er hackt Holz, oder er schlürft einen Schnaps aus einem winzigen Glas in einem verräucherten Café. Davon träume ich«, sagte sie in einem einzigen Sturzbach, den sie nicht zurückhalten konnte, »genau davon.«

Cabassac hatte keine Zweifel. Julieta träumte von Dingen, an die sie sich unmöglich erinnern konnte. Von ihrem Vater, den Gewerken, die er ausgeübt hatte, den Gerüchen des Landes – der herben Landschaft –, in dem sie geboren worden war. Waren nicht ihre Gesichtszüge allein, dachte Cabassac, Beweis genug, daß sie aus der Provence stammte? Wenn man überhaupt sagen konnte, daß eine Landschaft die Physiognomie ihrer Menschen zeichnete, daß sie die körperlichen Eigenheiten ihrer Einwohner mitbestimmte, dann waren Julietas Züge nicht nur provençalisch, sondern, genauer noch, geformt von der Landschaft der Haute Provence.

Alles an ihr, glaubte Cabassac, hatte mit der Höhe, den *plateaux* zu tun. Selbst ihre natürliche Strenge und Einfachheit, die sich in der hohen, leuchtenden Stirn ausdrückte, sprach von Felsen und Wasserfällen, von wilden harzigen Kiefernwäldern. Sprach auch von geflüsterten Gerüchten und lange unterdrückten Familiengeheimnissen, von gesalzenem Fleisch, das von Balken unter rauchgeschwärzten Decken herabhing. Dem Holzrauch nicht enden wollender Winter. Sprach von Männern, die laut über den grünen Bohnen stritten, die sie als Einsatz bei hitzigen Kartenspielen benutzten, und von Frauen – ja, Frauen –, die kleine, zahngekerbte Goldmünzen im Strumpf verbargen, eingenommen bei den heimlichen Verkäufen dessen, was einst »Mondweizen« genannt wurde – als Sicherheit gegen die immer drohende Hungersnot. Es sprach auch von den ersten, butterweichen, lang ersehnten Omeletts des Frühlings und von in Scheiben geschnittenen Äpfeln, die auf Brettern zum Trocknen in die Sonne gelegt wurden. Von den Lauten der Imker, die auf ihre Kessel schlugen, um den ausgeflogenen Schwarm, in die niedrigen Lattenkörbe mit den Metalldächern zurückzulocken. Sprach davon, daß die Bauern den Schweinen in der Nacht vor dem Schlachttag Kohle zu fressen gaben, um die Eingeweide zu säubern, von dem Kessel, in dem das Fleisch am Tag danach gekocht wurde, und von dem ehrfürchtigen Murmeln des Dorfes, das um den Kessel stand, Zeugen einer Zeremonie, die das Sakrale noch nicht ganz verloren hatte. Auch von der Spreu, die wie Funken im Wind stob, während der Weizen gedroschen wurde, so daß die Getreidekörner zu Boden fielen und die gewichtlosen Hülsen wie schimmernder Staub vom Wind davongetragen wurden. All das war in jeden Zug, jede Kontur von Julietas Gesicht eingeschrieben, als wäre es das extreme Konzentrat aller Kräfte jener hohen, herben Landschaft.

An diesem Morgen waren sie, wie so oft zuvor, aufgebrochen, um das zu suchen, was Cabassac »Atemreste« nannte. Der Morgen war normal, fast routiniert verlaufen. Sie fuhren wie immer vor dem Morgengrauen los und erreichten die Flußfestung von Sisteron bei Sonnenaufgang. Dort überquerten sie die Durance und begannen den Aufstieg durch Feld um Feld mit geraden, makellos beschnittenen Lavendelsträuchern. Allmählich bewegten sie sich aus einer Welt von ockerroten Dachziegeln, die für die mediterrane Kultur typisch waren, in jene der einander überlappenden Lagen blauen Alpenschiefers. Sie konnten die Höhe, die sie erreicht hatten, in der Tat an der Beschaffenheit der Dächer ablesen, denn bald nachdem sie durch die letzten verstreuten Dörfer mit Schieferdächern gefahren waren, kamen sie in die Gegenden einer weiteren Hausabdeckung, Dächer aus schwerem, moosbedecktem, massivem Stein. Die plumpen, von Streifen durchzogenen Quader schienen die kleinen Berghütten, die sie schützen sollten, zu überwältigen, ja zu erdrücken.

Nichts an diesem schönen Frühlingsmorgen war anders oder verheißungsvoller als sonst. Wie zwei pflichtgetreue Gelehrte gingen sie an ihr übliches Werk, interviewten Menschen, hielten deren Aussagen auf Tonband fest, schrieben Notizen zu allem, was ihnen bemerkenswert erschien. An diesem Tag hatten sie es sich zum Ziel gesetzt, besonders jene letzten phonetischen Spuren einer Volkssitte aufzusuchen, die sich mit den vielen Wassermühlen dieser Gebirgsgegend verband. Denn die Wassermühlen trugen traditionell lautmalerische Namen. Diese Namen versuchten die besonderen Geräusche der rotierenden hölzernen Schaufeln im Wasser nachzuahmen, die die schweren Mühlsteine bewegten, zwischen denen der Weizen zu Mehl gemahlen wurde. Durch einfache Mimesis hatte jede Wassermühle nicht nur einen Namen, sondern häufig auch einen Reim bekommen, einen Vers, der nur ihr gehörte.

Genauso war es auch bei der Wassermühle in der Nähe von Larches an der italienischen Grenze, die sie schließlich nach einer langen Fahrt durch die tiefen aufeinander folgenden Tunnel alpinen Schattens erreichten. Die Wassermühle war schon seit einem Jahrhundert nicht mehr in Betrieb, aber der schöne Beiname, unter dem sie einmal bekannt gewesen war, war in der Erinnerung der alten Bewohner dieser Gegend noch lebendig.

Die älteste unter ihnen, eine gewisse Madame Chabaud – klein, gebeugt, mit Augen von derselben Bläue wie ihre verblichene Schürze –, empfing die beiden auf ihrem schmalen, sonnenbeschienenen Balkon, der auf die Berge hinausblickte. Sie bot ihnen in winzigen Gläsern *génćoi* an, einen Wermut. Die Gläser schienen in den flachen, durchdringenden Sonnenstrahlen Feuer zu fangen. Madame Chabaud erklärte, daß es vor allem einen Namen gab – einen, der besonders rührend war, *toucant* war der Begriff, den sie gebrauchte –, wenn ihr Gedächtnis ihr noch recht diente. Während sie an ihren Gläsern nippten, sahen sie der alten Dame beim Nähen zu und bei der Suche nach dem alten Begriff. Es war Julieta, die zuerst bemerkte, daß die alte Dame gar nicht nähte, sondern im Gegenteil ein Gewebe auflöste. Stich um Stich zog sie die Naht eines abgetragenen Stoffes auf, um nicht mehr und nicht weniger als den kostbaren Faden selbst zu retten.

»*Calou ou cales*«, murmelte sie, anfangs mehr für sich, als an Julieta oder Cabassac gerichtet. Dann wiederholte sie lächelnd den alten Refrain immer wieder, sagte ihn auf wie einen Kinderreim: »*Calou ou cales, li voou, li vas.*«

Ich falle runter, du fällst runter;
Ich geh unter, du gehst unter.

»Ja, das ist es«, sagte sie. »Das ist es, was die Holzschaufeln der Wassermühle in Bellon früher sagten. Und darum hat jeder in dieser Gegend sie so genannt: *Calou ou cales, li voou, li vas.*«

AM SELBEN NACHMITTAG BESUCHTEN CABASSAC und Julieta die Mühle. Die Ruine lag am Fuß einer tief in den Fels gegrabenen Schlucht. Neben ihr rauschte der Bach, der die kleine hydraulische Fabrik einst mit Energie versorgt hatte. Die Stromschnellen tanzten von einem Felsen zum nächsten, brachen in einem Moment zu Schaum auf, glitten dann – wie ein Wollstrang – in einer ununterbrochenen Linie weißen Wassers zum nächsten.

Sie kamen den Berg von der gegenüberliegenden Seite der Mühle herunter. Sie waren die enge Schlucht durch einen Hain hoher, steil im Hang stehender Kiefern hinabgestiegen, wo sich schmale Sonnenstreifen durch die Nadeldecke der Wipfel bohrten und den Boden unter ihren Füßen mit einer ganz eigenen kleinen Flora sprenkelten. Ihre kurzen, abgerissenen Ausrufe wurden von einem Echo aufgenommen, schlugen zwischen den Wänden hin und her, als sie sich dem Bach unter ihnen näherten. Das Tosen wurde lauter und lauter, bis sie einander nicht mehr verstehen konnten, nur noch das Schlagen, das Klatschen und Zischen des Wassers war zu hören, das sich auf seiner Treppe verstreuter Felsen einen Weg suchte.

Als sie die Stromschnellen erreichten, spürte Cabassac, daß Julieta ihn am Ärmel zupfte, und als er sich umwandte, sah er, daß sie lachte. Sie versuchte ihm etwas über dem Donner des Wassers zu sagen, aber er hörte nichts, sah nur, wie sich ihre Lippen öffneten, wie ihre Zähne glänzten und sich die Wangen zu den wiederholten Worten zusammenzogen. Sie deutete jetzt mit dem Finger auf Cabassac und rief »du«, es war in dem betäubenden Tumult gerade hörbar. »Du mußt mich tragen«, hörte er sie rufen, »übers Wasser tragen«, sagte sie lachend.

Julieta war hochgewachsen, aber Cabassac war noch größer und viel kräftiger. Er trug hohe wasserdichte Wanderstiefel und war sehr viel besser gerüstet, durch den Bach zu kommen. Sie kamen an eine Reihe breiter, von Sprühwasser glänzender Felsen, die quer zur Strömung hintereinander lagen – dies war in alten Zeiten offensichtlich eine Furt gewesen. Cabassac nahm Julieta in die Arme und trug sie mit einigen, genau kalkulierten Sprüngen hinüber. Sie hatte die Arme um seinen Hals gelegt, und ihre langen, schlanken Beine ragten weit über seinen abgewinkelten Ellbogen hinaus. Cabassac war erstaunt, wie leicht sie war. Erstaunt auch über den harzigen Duft, der von ihr ausging. Er schien ihn zu berauschen, während er sie, die immer noch lachte, auf die andere Seite der schäumenden, durcheinander stürzenden Stromschnellen trug.

Dort angekommen, brachte er es nicht über sich, sie loszulassen, auf die Beine zu stellen. Ihr schwarzes Haar wirkte in dem harten Licht stahlblau, und der Wind, der die Schlucht herunterkam, drückte es an seine Wange. Er fühlte sich machtlos. Die komplizierte Struktur der Zwänge, die er sich selbst auferlegt hatte, die Verdrängung seiner Sehnsucht, das Bild seiner selbst als ihr Beschützer, fiel unter dem Gewicht von Julietas gewichtslosem Blick von ihm ab. Sie brach einfach in sich zusammen, und an ihre Stelle trat etwas anderes, Älteres, weit Einfacheres.

Es legte jeden Nerv, jede Sehne, jeden Muskel in seinem Körper still. Als handelten sie aus eigener Kraft, suchten seine Lippen die ihren, drückten sich auf sie, zogen sie zwischen seine Zähne, so wie er gleichzeitig ihr ganzes Wesen in sich hineinzuziehen suchte, in die Unterströmung, die ihn erfaßt hatte und die so machtvoll war wie ein tiefer Gezeitenstrom. Er zog an ihrem Gürtel, spürte, wie die Schnalle lose an den letzten Löchern vorbeiglitt, während er sich langsam zu Boden gleiten ließ und sie auf den von Kiefernnadeln übersäten Boden legte. Sie fanden sich mit nackten Oberschenkeln in einer kleinen Pfütze herabstürzenden Sonnenlichtes wieder. Cabassac begann, jede Linie und Kontur von Julietas Körper zu liebkosen, während sie, ausgestreckt daliegend, einen Arm hinter dem Kopf und ein Knie aufgestellt, ihn mit fast vollständiger, fast regungsloser Passivität empfing. Sie ließ ihn machen, ließ ihn streicheln und küssen, saugen und beißen. Ließ ihn dann in sich eindringen, ohne Abwehr, gab den harten, vibrierenden Stößen nach, mit denen er sich seinen Weg suchte. Seine Wildheit stand im Gegensatz zu ihrer Stille, seine Nässe zur geringen Feuchtigkeit ihrer zusammengezogenen Muskeln. Seine Augen waren weit aufgerissen, während ihre schwarzen Lider wie eine fächerartige Arabeske leicht aufeinander lagen. Sie ermutigte ihn nicht, aber sie wies ihn auch nicht zurück. Wie eine Zuschauerin, eine *voyeuse*, eine interessierte Dritte bei einem ein wenig entfernten Vorgang, nahm sie Cabassacs Stöße hin. Als wäre sie nicht wirklich dabei. Neben den Stromschnellen, taub gegen Cabassacs hitzigen Atem, nur das Klatschen und Zischen des wilden weißen Wassers im Ohr, fiel Julieta in eine tiefe, aber ganz eigene Verzückung – genau dort, wo man einst eine Mühle hatte sagen hören:

Ich falle runter, du fällst runter;
Ich geh unter, du gehst unter.

Drei Wochen später, als der Wind wild im Hof herumfuhr und die Läden an ihren Haken rüttelten und schlugen, wachte Julieta auf. Ihr war übel, und sie übergab sich. Sie setzte sich auf und wischte sich den Mund mit einer Ecke der Bettdecke ab. Auf ihrem Gesicht lag ein Lächeln, wie es Cabassac, der neben ihr lag und sie verwundert anblickte, noch nie gesehen hatte. Seit dem Nachmittag an der Wassermühle teilten sie sein Schlafzimmer, das Bett, sogar seinen Flanell-Pyjama. Trotzdem hatte Julieta ihre seltsame Distanz aufrechterhalten, sie war passiv geblieben, erhielt jene erotische Ambivalenz aufrecht, die er zum ersten Mal drei Wochen vorher erlebt hatte. Die Zurückhaltung aber schien Cabassac um so mehr zu erregen. Zwei, drei, vier Male in der Nacht drang er in ihren engen, gespannten Schoß ein, in dem wilden, berauschenden Versuch, auf den Grund ihrer Distanz zu kommen, schließlich doch die rätselhafte Quelle von Julietas Passivität zu erreichen. Aber er kam ihr nicht näher. Nicht bis zu diesem Morgen, drei Wochen später. Ihr Lächeln löste die Distanz plötzlich und für ihn ganz unerwartet auf. Ihre angespannte Zurückhaltung – diese merkwürdige erotische Ferne – verschwand in einem einzigen leuchtenden Moment. Während sie sich noch die Mundwinkel auswischte, blickte sie ihn lächelnd an, wie sie nie zuvor gelächelt hatte. Nicht an ihm vorbei, nicht durch ihn hindurch, sie sah ihm zum buchstäblich ersten Mal direkt in die Augen.

»Wär das möglich?« fragte sie aufgeregt. Aber bevor Cabassac etwas sagen konnte, stieg sie aus dem Bett und verschwand im Bad. Als sie einige Augenblicke später zurückkam, nach Geißblatt duftend und in einen frischen Pyjama gekleidet, hielt sie ein Thermometer so vorsichtig in der Hand wie eine gerade gepflückte Blume. »Ich meine, nach der Zeit, die inzwischen vergangen ist …«, fuhr sie fort. »Wär es nicht gerade eben möglich?«

»Natürlich«, sagte er. »Natürlich ist das möglich.« Ein Gefühl der Ablehnung, sogar der Eifersucht durchfuhr ihn.

»Oh, glaubst du wirklich, Philippe?« sagte sie, legte das Thermometer auf den Nachttisch und umarmte ihn. Sie hatte ihn, auch zum ersten Mal, beim Namen genannt.

»Natürlich, natürlich«, flüsterte er, so beruhigend er konnte, sog ihren Harzduft ein – diesen vollen, natürlichen Geruch, während Julieta die Wange an seiner Schulter und seinem Hals rieb und ihre Hände seinen Körper bis zur Taille herunterfahren ließ. »Oh, sag mir, daß es wahr ist, Philippe«, bat sie ihn. Sie wollte, daß er laut aussprach, was ihr der eigene Körper in immer bestimmterer Form sagte.

Also sagte er es ihr. Sagte ihr wieder und immer wieder, was sie schon wußte, was ihr jeder Instinkt mitteilte. Und wenn Julieta in diesem Moment empfand, daß ihre ausgefallensten Wünsche wahr wurden, hatte Cabassac das Gefühl, daß die seinen sich unerfüllt verflüchtigten. Er würde sie nie ganz besitzen, begriff er. Es würde zwischen ihnen nie jenen idyllischen Zustand totaler Gemeinschaft geben, der von seiner Natur her alle anderen ausschloß. Er würde den Grund ihres Wesens nie erreichen, sie würde nie ganz sein werden. Jetzt, begriff er, würden sie nicht mehr ein Paar sein, sondern eine Familie. Schon jetzt hatte dieses kleine Bündel aus winzigen Organen begonnen, Wurzeln zu schlagen, sich zu nähren, seine Vitalität aus dem Fleisch zu ziehen, das Cabassac mit einer alles verzehrenden Leidenschaft anbetete. In seinem eifersüchtig auf ein Wesen gerichteten Kult war nur Julieta die »andere«. Es gab keinen Raum für ein Drittes in seinem Herzen. In seinen Augen war Julieta selbst noch ein Kind, und er empfand eine Verehrung für sie, die ebenso beschützend – sogar väterlich – war wie schamlos lustvoll.

»Danke«, atmete sie über Cabassacs Schulter, die Lippen an seinem Hals. »Danke, danke, Philippe.« Er hielt die Augen fest geschlossen, versuchte, sich eine Beziehung vorzustellen, die er nicht vorhergesehen und auf keinen Fall gewollt hatte.

Von dem Morgen an herrschte Frühling in Julietas Herz. Buchstäblich Frühling, denn die Kirschbäume in der Provence waren in eine Überfülle kräftiger, leuchtender Bouquets ausgeschlagen. Aber auch Frühling in ihr selbst, als sie das kleine Geschöpf in sich wachsen fühlte. Es legte sich mit einer Selbstgewißheit, die ganz ihm gehörte, in die gespannte, elastische Hülle ihres Leibes. Niemals zuvor hatte Julieta sich ihres Körpers so erfreut. Nie zuvor hatte sie nackt vor dem mannshohen Spiegel gestanden, die Arme herabhängend und die Finger vor der Wölbung ihres Leibes verschränkt. Sie konnte sich nicht satt sehen, niemals hatte sie ihr Spiegelbild so bewundert. Sie rieb sich vor diesem Spiegel ein, bedeckte die Haut mit Mandelöl, bis ihr ganzer Körper ein einziges glänzendes Kunstwerk war. Mit langen kräftigen Bewegungen rieb sie ihre langen, schlanken Beine ein und mit runden formenden die Brüste und den schwellenden Leib. Sie war zugleich das Modell und die Künstlerin. Sie trat einen halben Schritt zurück und strahlte, die öligen Hände in die Taille gestützt, ihr eigenes Spiegelbild an.

Es war Frühling sowohl in der Luft um sie herum – ein leuchtender, überschäumender Frühling – als auch in der dunklen, verschlungenen Kammer von Julietas Gebärmutter. Zur selben Zeit hatte sie begonnen, ihre Dissertation zu schreiben. Ihre Arbeit sollte eine Art Lexikon werden, das jeden Begriff (in allen Variationen des Dialekts) der jetzt ausgestorbenen Zucht von Seidenraupen erfaßte. War Julieta nicht von jener Frauengruppe in diese magische Welt eingeführt worden? Den Frauen, erinnerte sich Cabassac, die ihr wochenlang Unterkunft und Essen und Zärtlichkeit geschenkt hatten? Irgendwo in der Nähe von Valensole?

Die Zucht von Seidenraupen fiel ebenfalls in den Frühling. Sie war ein Element des Frühlings in der Provence. In einem kurzen, aber intensiven Sechs-Wochen-Zyklus wurde die Seidenraupe »großgezogen« und zur Verpuppung gebracht. Der Frühling war also nicht nur in der Luft und im Fluß von Julietas eigenen Körpersäften, sondern auch in ihrer täglichen Arbeit. Ihre ganze Schwangerschaft hindurch blieb sie eine ernste Forscherin. Und die Zucht von Seidenraupen war eine ausschließlich weibliche Beschäftigung gewesen. Sie forderte die Geduld und die unermüdliche Pflege einer Frau. Das Thema paßte vollkommen, wie sie schnell feststellte, zu ihrem eigenen inneren Zustand zu dieser Zeit. Ein Frühling lag konzentrisch in einem anderen. Sie saß an ihrem kleinen Eichentisch und schrieb mit ihrem Füllfederhalter die ersten Seiten ihrer Studie nieder.

Sie heirateten in der einfachsten Form, mit lediglich den zwei vom Gesetz vorgeschriebenen Zeugen, und die ganze Zeremonie dauerte nur so lange wie die Worte, die dabei gesprochen wurden. Dann tranken sie zwei, drei Gläser Pastis in einem Café in der Nähe des Standesamtes. In der Nacht feierten sie auf ihre Art, liebten sich zärtlich und vorsichtig und nannten einander »Monsieur« und »Madame«.

Am nächsten Morgen waren sie schon wieder in ihre Arbeit vertieft. Eine fast vergessene Beschäftigung über ihre praktisch verlorene Sprache zu rekreieren, bereitete Julieta eine besondere Befriedigung. Sie hatte das Gefühl, diese alte Wirtschaftsform vor dem Untergang zu bewahren. Auch glaubte sie, daß sie mit dem Geschäft des Lebens selbst zu tun hatte. Sie begann mit dem Ursprung, mit den Eiern, winzigen, perlengleichen Samen (*la grana*), die die Frauen in kleine Duftkissen (*estoupouns*) gossen, die sie eigens für diesen Zweck genäht hatten. Sie trugen diese *sachets* immer am Körper, unter dem Rock oder zwischen den korsettierten Brüsten, und auf diese Weise brüteten sie die Seidenraupen durch ihre Körperwärme aus. Sie mußten aber darauf achten, daß die Larven erst dann schlüpften, wenn die ersten zarten Schößlinge der weißen Maulbeere (*l'amorier blanc*) gesprossen waren. Denn erst dann war die Nahrung für die kleinen Raupen gesichert.

Über zehn Tage trugen die Frauen die späteren Seidenraupen aus. Als Mütter von vielen setzten die Frauen die frisch geschlüpften Larven dann in Kindergärten, die sie mit aller Sorgfalt vorbereitet hatten. Diese kleinen Kammern der Seidenraupenzucht, die *magnaruariés*, wurden zur Wohnung der Seidenraupen, während sie im Laufe von vier Wochen durch ebenso viele Häutungen gingen. Sie wuchsen von zarten kleinen Larven, die nicht mehr als einen Millimeter maßen, zu blassen, unersättlichen Geschöpfen heran, die sechzigmal so groß wurden. Und dafür brauchten sie ständige Nahrung und Pflege.

Auf kleinen Stellagen (*levadous*) lagen sie wie in Kojen übereinander, und sie wurden mit ständig wachsenden Mengen von Maulbeerblättern gefüttert. Anfangs knabberten sie nur an den zartesten Schößlingen, aber nach der vierten Häutung fraßen sie so viele Blätter, wie die Frauen auf hoch beladenen Wagen heranschaffen konnten. Das Geräusch ihres Kauens während dieser Phase (*la granda frèsa*) ist manchmal mit einem kräftigen Schauer mitten in einem trockenen Laubwald verglichen worden.

Julieta kompilierte ihr Lexikon, indem sie jede auffindbare Quelle studierte und jeden interviewte, der noch irgendeine Erinnerung an diese Wirtschaftsform, die fast vom Zwielicht der Geschichte verschluckt worden war, bewahrte. Sie verglich regionale Abweichungen, überprüfte die Fachbegriffe und häufte eine unschätzbar wertvolle Menge ethnolinguistischer Daten an, während der Frühling voranschritt.

Im Juni erreichte sie den kritischen Moment im Leben der Seidenraupen, wenn die voll entwickelten Larven aufhören zu fressen und – indem sie jede Unreinheit aus ihren Innereien ausscheiden – vollkommen durchsichtig werden. Sie sahen jetzt aus »wie eine reife weiße Weintraube«, wie es ein Entomologe einmal ausgedrückt hatte. Zu diesem Zeitpunkt begann die *encabanage*: der Augenblick, in dem sich die Seidenraupen, wie auf ein magisches Signal, in ihren Stellagen (*enramas*) aufrichteten und begannen, sich mit einem Kokon zu umspinnen.

Den Kopf ständig hin und her wendend und drehend, so daß ein dünnes, spuckeähnliches Sekret aus einem Paar von Drüsen, die sich zu beiden Seiten des Bruststückes befanden, ungehindert austreten konnte, spann jedes dieser Geschöpfe in drei Tagen ununterbrochener Arbeit mehr als einen Kilometer wertvoller, schillernder Faser. Nichts hielt sie auf. Nichts außer plötzlichen lauten Geräuschen. Ein einziger Donnerschlag, zum Beispiel, konnte den Faden abreißen lassen, konnte das Spinnen beenden und die Ernte einer ganzen Jahreszeit gefährden. Wenn ein Gewitter heraufzog, sammelten sich die Frauen, läuteten Glocken, Ziegenglocken, Schafglocken, oder sie schlugen, zuerst sanft, mit Gegenständen an Schaufeln, Bratpfannen und Kessel, um ihre kleinen Zöglinge auf die gefährlicheren Geräusche des Gewitters vorzubereiten. Langsam steigerten sie die Lautstärke, und die Seidenraupen, auf diese Weise an Lärm gewöhnt, spannen auch durch die Donnerschläge eines Gewitters hindurch.

»Jetzt kommt der Teil, über den ich nicht schreiben kann«, sagte Julieta Cabassac eines Nachmittags. »Ich kann es einfach nicht.« Die beiden hatten Seite an Seite an einem langen Tisch vor zwei offenen, bis zum Boden gehenden Fenstern gearbeitet. »Der Teil, in dem sie die Kokons einsammeln. Das ist etwas, was ich nicht ausdrücken kann. Ich kann mich nicht dazu bringen.«

»Das Ersticken?«

»Ja, das Ersticken, die *estoufage*«, antwortete sie. »Sie nehmen die Kokons aus den Stellagen und töten die Schmetterlinge mit heißer Luft. Damit die nicht den Kokon auflösen, um herauszukommen, und dabei die gesponnenen Fäden zerstören.«

»Aber um den Faden geht es doch«, sagte Cabassac.

Sanft schüttelte Julieta den Kopf. Ihr Haar bebte wie eine Art Flüssigkeit. »Nein«, sagte sie, »der Faden selbst ist nichts. Der ist nur dazu da, das neue Leben zu schützen, einzuschließen.«

»Aber für die Frauen war er alles«, sagte Cabassac. »Für Generationen von *magnanaires*, für diese Frauen, deren einziges Einkommen in einem ganzen Jahr von anderthalb Monaten ununterbrochener Pflege, Fütterung, Sorgfalt abhing, war er alles. Es war ihre einzige Möglichkeit, Geld zu verdienen, und egal wieviel oder wie wenig es war, darin lag für sie ein Stück Selbständigkeit. Es stellte ein kleines eigenes Leben dar.«

»Aber nicht für die Schmetterlinge«, murmelte Julieta, die an das hohe offene Fenster getreten war. Umrahmt vom schon dichten Laub der Bäume im Hof, die Hände um den Bauch gelegt, sagte sie wie zu sich selbst: »Nein, nicht für die erstickten kleinen Schmetterlinge.« Und sie wiederholte: »Nein, für die nicht. Nicht im mindesten.«

Als sie das sagte, konnte sie nicht anders – sie mußte sich die stillen kleinen Geschöpfe vorstellen, die sich in ihrem Kokon wanden, als der tödliche Dampf in die verschlossenen Kästen drang, in die sie gelegt worden waren.

Hatte Julieta in dem Moment ihr eigenes Schicksal vorhergesehen? Die Nacht, nur ein paar Wochen später, in der sie heftige Wehen bekam, gefolgt von warmen, klebrigen, unaufhaltsamen Körpersäften, die die Innenseiten ihrer Schenkel hinunterliefen. Hatte sie den Tod ihrer eigenen Schmetterlingspuppe vorhergesehen? Ihr Arzt hatte ihr schon einen vollen Monat vorher gesagt, daß der Fötus »ungünstig liege«, was aber, wie er fortfuhr, bei entsprechender Sorgfalt und Aufmerksamkeit der Mutter nicht zu größeren Komplikationen führen müsse. Jetzt stand derselbe Arzt, um drei Uhr in der Nacht herbeigerufen, kopfschüttelnd an ihrem Bett. Es war schon zu spät. Die Ambulanz brachte sie ins Krankenhaus, aber sie hätte sich nicht zu beeilen brauchen, hätte ihre Sirene nicht einsetzen müssen, hätte nicht mit einer solch hohlen Bravour vor der Hospitaltür bremsen müssen.

Nach einer Reihe von Untersuchungen in der folgenden Woche teilten die Ärzte Julieta mit, daß sie keine Kinder bekommen konnte, daß eine unbehandelbare Verformung ihrer Gebärmutter vorliege, die verhindere, daß sie gebären könne. Julieta bestand darauf, noch einmal untersucht zu werden. Sie wollte andere Ärzte. Sie ging in ein anderes Krankenhaus. Manchmal wartete sie stundenlang, weil sie von den Ärzten keinen Termin bekommen hatte. Jede weitere Untersuchung indessen bestätigte nur, was die erste erbracht hatte. Nach allem, was die Ärzte wußten, war Julieta unfruchtbar, und würde es bleiben.

»Unfruchtbar« – das Wort allein durchfuhr sie wie ein Todesurteil. »Unfruchtbar, unfruchtbar«, wiederholte sie immer wieder. Nie würde sie die immense Leere, mit der sie immer gelebt hatte, damit füllen, ein Kind zu nähren, zu pflegen und großzuziehen, nie würde sie die Art mütterlicher Liebe und Zärtlichkeit geben können, nach der sie sich selbst immer gesehnt hatte.

»Unfruchtbar«, flüsterte sie, als die beiden eines Nachmittags durch Cabassacs aufgegebene Kirschgärten wanderten. Cabassac selbst wußte nicht mehr genau, welche dieser Gärten, Getreidefelder, Eichenwälder noch ihm gehörten und welche in dem steten Aufreibungsprozeß seines Besitzes verkauft worden waren. Über die Jahre war sein Gut erheblich kleiner geworden. Jetzt, als sie durch die ungemähten, ungepflegten, nicht abgeernteten – die Kirschen vom letzten Jahr hingen verrottet an rostroten Stielen – Gärten gingen, fiel Cabassac ein, daß Julieta selbst, zwei Wochen nach der Fehlgeburt, zunehmend verblaßte. Es war, als stehle sie sich davon. Seine ganze Welt war dabei, in Stücke zu fallen.

»Ich werde das nicht weitermachen«, erklärte sie plötzlich. »Ich werde das Ganze aufgeben«, sagte sie, als sie weitergingen.

»Was aufgeben, Julieta?« Er hatte den Arm locker um ihre Schultern gelegt, aber er wurde das Gefühl nicht los, daß er eine Frau hielt, die nicht ganz »da« war, nicht einmal unter dem leichten Druck, der von seinen Fingerspitzen ausging.

»Meine Studien, meine Forschung«, sagte sie leise, letztlich mehr zu sich selbst als zu Cabassac. »Alles, woran ich in den letzten Monaten gearbeitet habe. Es bedeutet mir nichts mehr«, sagte sie aus der Entfernung heraus, in die sie hineingetrieben zu sein schien. Sie sah zu Boden. In der Hand hielt sie einen kleinen Strauß wilden Thymian, den sie gerade gepflückt hatte. »Tote Wörter, tote Sätze«, sagte sie. »All diese vergeblichen Versuche, eine tote Welt wiederzuerwecken. Nein, nichts davon interessiert mich noch«, fuhr sie fort und drückte den kleinen Strauß wie eine Kompresse an ihren Leib. Ihre Stimme war dünn, distanziert, unzugänglich geworden. »All die Toten, all die Beschreibungen dieser armen toten Geschöpfe, die früher hinter ihren Bienen her über die Hügel gelaufen sind oder auf Schaufeln und Kessel geschlagen haben, um ihre Seidenraupen weiter spinnen zu lassen, auch in einem Gewitter. All das hat alle Bedeutung verloren. Es hat jetzt keine Bedeutung mehr.«

Cabassac wußte, daß Wörter – »diese kleinen Fetzen Wirklichkeit«, hatte sie es einmal genannt – ihr einst alles bedeutet hatten. Damals hatte die Entdeckung eines neuen Begriffs ihr erlaubt, eine Art Geographie zu entwerfen. Damals hatte die Erhaltung dieser fast ausgestorbenen Vokabeln ihr das Gefühl gegeben – egal wie gefährdet –, irgendwohin zu gehören, Wurzeln zu haben. Hatte sie nicht durch die Sprache versucht, sich selbst eine Heimat, ein Haus von Lauten zu schaffen? Aus so vielen geduldig gesammelten Sätzen die fragilen Umrisse eines verlorenen Erbes? Jetzt hatte sie losgelassen. Worte, Sätze, die endlosen Eintragungen in ihrem Lexikon – ja selbst die verschwundene Welt der *magnanaires*, die sie noch einmal beschworen hatte – waren fort, als hätten sie sich in Luft aufgelöst. Es war, als hätte sie plötzlich begriffen, daß es die Heimat, von der sie immer geträumt hatte, nie geben würde. Nichts konnte sie vor der Leere schützen.

Als sie am Fuß des Hügels angekommen waren, erinnerte sich Cabassac an ihren ersten gemeinsamen Spaziergang – den Weg vom Hörsaal zu seinem Wagen an der Stadtmauer von Avignon. Er erinnerte sich daran, daß er die winzige Verzögerung zwischen seinem Schritt und dem ihren bemerkt hatte; den Moment der Zurückhaltung, der ihren Raum definiert hatte, ihre Selbständigkeit, ihr von ihm getrenntes Ich, das von Anfang an da gewesen war. Das hatte ihn angezogen, verblüfft, hypnotisiert, denn es stellte in seinen Augen die Distanz selbst dar: die Tiefe, in der alle Schönheit wohnte. Selbst als sie sich am Bach das erste Mal geliebt hatten, hatte sie diesen Abstand aufrechterhalten, diesen Rest an Unzugänglichkeit. Erst an dem Morgen, anderthalb Monate später, als sie ihm gesagt hatte, daß sie wahrscheinlich schwanger war, hatte sich dieser Abstand aufgelöst, war die Distanz verschwunden. Als sie sich ihm damals zuwandte, lag ihr ganzes Herz in ihrem Blick. Grenzenlos dankbar für das, was sie nur als den größten Segen des Lebens auffassen konnte, hatte sie schließlich nachgegeben. Cabassac, überrascht und sofort eifersüchtig auf das Dritte, das Kind, das schon in Julietas Leib heranwuchs, hatte den Segen nicht erkannt. Hatte an dem Tag Julietas strahlenden Blick nicht erwidert. Jetzt waren dieser Blick, der Glanz in ihren Augen, die grenzenlose Dankbarkeit für immer verschwunden. Als sie an diesem Nachmittag nebeneinanderher gingen, drang ihre Stimme wie über einen Abgrund hinweg zu ihm. Obwohl sein Arm um ihre Schultern lag, wußte Cabassac, daß er sich nur noch an wenig mehr als einen flüchtigen Geist klammerte, ein Geschöpf, dessen Seele woanders war.

»Tote Wörter, tote Sätze«, fuhr sie fort. »All die Partikel – die toten grammatischen Partikel – dieser toten Welt«, sagte sie, als die beiden aus den terrassierten Obstgärten heraustraten und auf Cabassacs breites, baufälliges Haus zugingen. Cabassac bemerkte, daß sie die spröden kleinen Adern der Thymianblätter auf der Oberfläche ihres flachen, vollkommen flachen Bauches zerrieb. Sie rieb und rieb, bis nichts außer einem stumpfen Stiel übrigblieb. Er hielt sie noch fester im Arm. Aber er mußte sich eingestehen, daß er sie nicht festhalten konnte. Da war niemand mehr.

In dieser Woche begann er zu begreifen, in welchem Maße er selbst für Julietas Fehlgeburt verantwortlich war. Ihm dämmerte, welchen nicht wiedergutzumachenden Schaden er angerichtet hatte. Denn hatte er die Nachricht von ihrer Schwangerschaft nicht mit Widerwillen aufgenommen? Hatte er sie nicht sogar als wahrhaftes Unglück aufgefaßt? Er hatte Julieta nur für sich gewollt, er wollte sie nicht teilen. Er hatte das Kind als »Eindringling« gesehen. Erst jetzt glaubte er zu wissen, wie sehr diese Ablehnung, egal wie indirekt, sich auf das winzige Wesen in ihrem Leib ausgewirkt haben mußte. Er überzeugte sich selbst, daß er es damit tief verletzt hatte – und mit ihm auch Julieta. Er hatte sie um ihr Kind, ihr Ebenbild, gebracht, denn die Ärzte hatten ihnen gesagt, daß es ein Mädchen gewesen war, eine kleine Julieta. Wie, fragte sich Cabassac, hatte er die eine lieben können, ohne die andere zu lieben? Wie hatte er das tun können, fragte er sich immer wieder. Seine Fragen waren wie Stichwunden, die ihm eine kleine, selbständig gewordene Waffe beibrachte.

Julieta schien sich in der Zwischenzeit immer weiter von ihm zu entfernen. Wenn sie früher Tanto Mirèio im Gemüsegarten geholfen hatte – Pflanzen setzend, Unkraut jätend, umtopfend und am Ende des Tages ebenso grün riechend wie die Pflanzen selbst –, so ging sie jetzt immer öfter in den Wald hinter dem Hof hinaus. Dort warteten andere Wurzeln, andere Blätter auf sie. Sie begann, sich in die Vergangenheit zu flüchten, sie wanderte in Räumen herum, die es lange vor ihr gegeben hatte. Nichts war ihr weit genug entfernt. Es war, als liege ihre einzige Zukunft in diesen Vorwelten, den vorsintflutlichen Resten, die sie in dem Zwergeichen-Hain direkt hinter dem alten Bauernhaus fand. Dort, in diesem Moor, entdeckte sie eine Ordnung, die der ihren weit vorausgegangen war: die Flora und Fauna einer noch ungezähmten Natur, die nur dem unveränderlichen Zyklus der Jahreszeiten gehorchte. Dort gab es keine Eisenstützen, um den Weinranken ihr Wachstum vorzugeben, kein Drahtzaun, der das freilaufende Wild einschloß. Keine Pflugscharen, um die Erde in Furchen zu ordnen, und keine Insektizide, die die Luft verpesteten. In der *garrigue* sorgte eine natürliche Umwelt für die Ernährung, den Schutz und die Fortpflanzung der dort lebenden Arten. Das Moor regulierte sich selbst, es brauchte nichts – am wenigsten den Menschen –, um in seiner eigenen komplizierten Biosphäre zu gedeihen.

»Oh, Magalie«, klagte Tanto Mirèio, »du hast mich schon wieder verlassen.« Denn sie liebte es, diese junge Frau, die sie für ihre Tochter hielt, bei der Gartenarbeit um sich zu haben. Sie liebte es, Julieta zuzusehen – hochgewachsen, schlank und grazil –, wie sie am Boden hockend das Wasser in den schmalen Bewässerungsgräben, die zwischen den Reihen von Salat, Paprika und Zucchini hindurchliefen, regulierte. »Wie ein Junge«, sagte Tanto Mirèio, »genau wie ein schöner, schöner Junge.« Sie sah ihr nach, wenn Julieta vor sich hin summend zum Haus ging, einen Strohkorb voller Gartengemüse auf jeder Hüfte balancierend.

Aber jetzt war Julieta woanders. »Oh, Magalie, Magalie, wie oft willst du mich noch verlassen?« fragte Tanto Mirèio. Niemand wußte genau, wohin Julieta ging in dem hochgelegenen, kalkigen Moorland, oder was sie dort tat. Manchmal brachte sie Beeren oder Pilze mit, wenn sie am Abend zurückkam. Einmal trug sie auch eine tote Misteldrossel in den zusammengelegten Händen, die sie in einer Falle gefangen haben mußte. Sie war zu einer Jägerin und Sammlerin geworden – in einer steinzeitlichen Welt, die nur ihr gehörte. Still und ganz entrückt starrte sie den toten Vogel in der Schale ihrer Hände an. Er lag so schlaff da wie Julieta selbst.

Schlaff lag sie auch Nacht um Nacht neben Cabassac, vollkommen regungslos. Wie ein Körper, aus dem alles außer seinem Bild, seinem Duft, den äußersten Erscheinungen, entwichen war, lag sie da, als wäre sie einbalsamiert. Wie eine Mumie, die man auf der erhobenen Fläche ihres Bettes ausgestellt hatte. An die Liebe war nicht zu denken, er konnte sie nur an sich ziehen, sie in den Armen halten, aber es war, als hielte er eine Wolke oder die fließenden Umrisse eines im Winde zitternden Schattens. Mit unendlicher Zärtlichkeit drückte er die schöne Entrückte an sich, strich mit den Händen durch ihr glänzendes Haar und flüsterte ihr in der fast ausgestorbenen Sprache, die sie geteilt hatten, die erdabgetragenen, erdverwitterten Worte seiner unauslöschlichen Anbetung ins Ohr.

Dann, eines Nachts, als er sie umarmte und sie sich, wenn nicht seinem Körper, so doch seinem Atem, seinen geflüsterten Worten hingab, spürte er, daß sie fieberte. Aus jeder Pore ihres Körpers schwitzte sie, während sie die ganze Nacht im Schlaf wimmerte, leise, kurze, abgerissene Schreie ausstieß. Das Fieber bezeichnete den Anfang vom

Ende. Von dieser Nacht an stieg es nur noch, die Hitze und der Schweiß nahmen zu, während ihre atemlosen Schreie immer häufiger und gequälter wurden.

Julieta, die von Natur aus schlank war, begann auf erschreckende Weise abzunehmen. Innerhalb weniger Wochen waren ihre Wangen hohl und ihre langen schönen Finger spindeldürr. Ihre Augen verloren allen Glanz, und ihre Gesichtsfarbe wurde blaß, leblos, als würde ihr Körper von innen her gebleicht. Obwohl ihr Zustand offensichtlich sehr ernst war, weigerte sie sich, einen Arzt kommen zu lassen. Sie lehnte jede medizinische Pflege ab. Cabassac sah, daß sie sich an die Wand lehnte oder sich an einer Türklinke einen Moment zu lange aufstützte. Auch wenn sie noch ab und zu einen kurzen Ausflug in ihre geliebte *garrigue* machte, kehrte sie schwächer als vor ein paar Stunden mit ein paar Haselnüssen in der Hosentasche oder einem kleinen Strauß Heidekrautastern zurück, die aus ihrer Faust aufzublühen schienen.

Aber auch diese kurzen Unternehmungen wurden seltener und seltener. Es war offensichtlich, daß sie schnell in ihrer Krankheit versank, und es gab nichts und niemanden, der das Unvermeidliche aufhalten konnte. Sie vertraute sich nichts und niemandem an. Cabassac fragte sich, ob es

Gebärmutterkrebs war. Was sonst konnte sie so schnell verzehren? Er flehte sie an. Nacht um Nacht flehte er sie an, etwas zu tun, ärztliche Hilfe zu holen, während sie, schweißnaß von Kopf bis Fuß, ihn umarmte, nicht wie einen Liebhaber, sondern vielleicht schon wie eine Erinnerung, eine schnell vergehende Erinnerung.

»Wir müssen jemanden holen«, flehte er.

Sie schüttelte den Kopf, murmelte: »Es gibt niemanden.«

»Einen Spezialisten. Wir müssen gleich morgen früh nach Marseille fahren, Julieta, und einen Spezialisten aufsuchen.«

»Nein«, sagte sie, »es gibt keine Spezialisten, verstehst du das nicht? Für etwas wie dies gibt es überhaupt niemanden«, erklärte sie nüchtern, lakonisch. Keine Spur Selbstmitleid lag in ihrer Stimme, nur reine, uneingeschränkte Resignation. Für sie war das Leben bereits zu Ende. Der Sekundenbruchteil, der sie am Anfang getrennt hatte, begriff Cabassac, hatte sich in eine Ewigkeit verwandelt. Auf den Schwingen ihrer Stimme schien sie davonzuschweben, sie war schon frei.

»Du wirst es nicht vergessen, nicht?« flüsterte sie. Sie lagen, die Augen auf die Zimmerdecke gerichtet, im Licht des frühen Morgens im Bett.

»Was vergessen, Julieta?«

»Den Morgen«, flüsterte sie, ihre Stimme im Rauschen der Blätter draußen im Hof kaum hörbar.

»Welchen Morgen, Julieta?« fragte Cabassac, plötzlich konzentriert. Er klammerte sich an alles, was es noch gab, an jeden Fetzen, jeden winzigen Rest, jede scheinbar unwichtige Bemerkung von ihr. Er wußte, daß er sie bald verlieren würde, und für ihn war jedes ihrer Worte eine Reliquie, die er gegen das schnell heranrückende Schicksal halten konnte.

»Der Morgen«, sagte sie, »als es so windig war. Als es so windig war wie jetzt und ich erwachte von dem Wind und zum ersten Mal Erbrochenes auf meinen Lippen schmeckte. Den Morgen wirst du doch nicht vergessen, nicht?«

»Nein«, versprach er. »Ich werde ihn nie vergessen.«

»Die Läden haben genauso geklappert wie jetzt, daran erinnere ich mich. Sie klapperten genau wie jetzt, damals, als mir schlecht wurde und es in mir aufstieg bis an die Lippen. Ich habe nie etwas so Schönes geschmeckt, niemals in meinem Leben.«

Cabassac ergriff ihre Hand. »Nein, Julieta«, versprach er so feierlich, wie er noch nie etwas versprochen hatte. »Nein, das verspreche ich dir, ich werde es nie vergessen.«

»So schön«, murmelte sie. »So schrecklich schön.« Ihre Augen waren halb geschlossen, ihre Stimme wurde schwächer, schien sich ganz zu verlieren.

»So unfaßbar schön«, flüsterte sie.

Drei Nächte später warf sich Julieta plötzlich herum, drückte sich an Cabassacs schweren Körper und erstarrte dann. Ihre Fingernägel gruben sich in seine Schultern und ihre Beine legten sich krampfartig um die seinen. Sie klammerte sich nicht an ihn, sie schien eher zu versteinern. Cabassac brauchte eine lange und schreckliche Minute, um sich aus ihrem letzten Griff zu lösen. Fingerspitze um Fingerspitze, Glied um Glied mußte er sich von dem einen Menschen auf der Erde befreien, der ihn – unauflöslich – an das Leben gebunden hatte. Und während er das tat, während er sich von ihrer erstarrten Gestalt frei machte, verwandelte sich seine Liebe in etwas Vergeistigtes. Von dieser Nacht an trat Cabassac in eine selbstgeschaffene Ordnung ein. Die tote Julieta sollte nun eine verklärte Julieta werden. Der kalte Körper war die Gestalt, aus der, wie eine Halluzination, in diesem Moment seine eigene flammende Ikone heraustrat.

Tanto Mirèio übernahm die Aufgabe, Julieta für die Bestattung herzurichten. Sie kleidete sie in elfenbeinweißes Leinen und schmückte ihr Haar mit den bunten kleinen Plastikrosen, die Julieta damals kurz nach ihrer Ankunft in Cabassacs Haus getragen hatte. »Magalie, meine Magalie«, seufzte sie, als sie Julieta eine künstliche Tulpe in die zusammengelegten Hände steckte. Die Blüte hob sich scharf von Julietas bleichen Händen und dem langen, gotisch anmutenden Umriß ihres ausgezehrten Körpers ab.

»Jetzt hast du mich für immer verlassen, nicht wahr, Magalie? Fleisch von meinem Fleisch, Herz von meinem Herz. Jetzt ist niemand mehr da, niemand, überhaupt niemand mehr«, verkündete sie immer wieder bis in die Nacht hinein. Ihre zitternde, dünne Stimme war der einzige Laut in dem riesigen, verfallenen Haus, machte seine Räume noch hohler und leerer als je zuvor.

Am nächsten Morgen stellte Cabassac fest, daß seine arme, verzweifelte Tante das ganze Haus in ein Trauerhaus verwandelt hatte. Sie hatte es in der traditionellen provençalischen Form getan.

Alle Spiegel im Haus waren mit schwarzem Crêpe verhüllt, sie hatte das Pendel aus der hohen Standuhr im Flur entfernt. Nach der alten Sitte erlaubte das der Seele der Verstorbenen, sich leichter zu erheben, ungehindert von ihrem Spiegelbild oder jeder anderen eitlen Erinnerung an ihre Zeit unter den Menschen.

Einige Tage später entdeckte Cabassac noch einen dritten Todesritus, den Tanto Mirèio vollzogen hatte. Als er eines Nachmittags in die *garrigue* hinausging, Julietas Pfaden in das hochgelegene, windige Moor folgend, stieß er auf eine Reihe von eingefallenen Bienenkörben, die aus alten Brettern und Holzresten zusammengehämmert und mit kleinen Blechstücken abgedeckt worden waren. Die Körbe waren sicher seit einem halben Jahrhundert nicht mehr bevölkert gewesen. Cabassac hatte noch eine schwache Erinnerung an seinen Großvater, wie er mit einem Gazeschleier über dem Gesicht diese Körbe einen nach dem anderen ausgeräuchert hatte. Als er jetzt an ihnen vorbeiging, sah er, daß seine Tante jeden dieser Körbe mit demselben schwarzen Crêpe bedeckt hatte. Es zitterte im Wind, der über die zusammengefallenen Körbe hinwegstrich.

Als er da stand und auf sie hinabstarrte, hatte Cabassac das Gefühl, daß die Welt für ihn nur noch Vergangenheit war. Sie war schon untergegangen. Selbst dieser Moment, jetzt, erschien ihm als Teil einer alles zerstörenden, alles fressenden Vergangenheit. Von diesem Augenblick an, begriff er, mußte er sich eine eigene Welt erschaffen. Er starrte die Körbe an, sah zu, wie der Crêpe leicht an die Seiten der längst aufgegebenen Gehäuse schlug, und wußte, daß seine Gedanken nur noch aufsteigen, nur noch nach oben ausgreifen konnten.

III

»Weil ich dir etwas Wunderbares, etwas vollkommen Wunderbares zu sagen habe«, hatte ihm Julieta in einem Traum versichert, den er zwei Jahre nach ihrem Tod hatte. Der Traum, diese Worte, hatten ihn seitdem nicht nur fasziniert, er war geradezu besessen davon. Seit der Nacht des Traums, seit Julietas Erklärung hatte er an kaum etwas anderes gedacht und sich – Monate im voraus – auf das vorbereitet, was zu seiner Traumsaison geworden war: der Saison, hieß das, der Trüffeln. Denn nur in dem durch den Verzehr der geheimnisvollen Knollen hervorgerufenen Zustand konnte er mit seiner betrauerten Frau in Kontakt treten. Er verbrachte den Frühling, den Sommer und den Frühherbst des Jahres, als hätten diese Jahreszeiten keine andere Daseinsberechtigung, als in der Tiefe der Erde möglichst viele Pilze hervorzubringen. Die ganze Natur war für ihn nun zu kaum mehr als einem Vorwand geworden, die einzigartigen Knollen keimen zu lassen.

Sein Kalender war zu ihrem geworden. Anfang April, das wußte er, begann die schon ausgetrocknete Trüffel ihre Askosporen aus unzähligen kleinen Sporenkapseln freizusetzen. Und diese wiederum, zufällig vom Wind, von Insekten, Vögeln und Säugetieren weitergetragen, würden sich bald in der Erde vergraben und in weiße Fasern aussprießen, die Myzel genannt wurden. Mit etwas Glück würde dieses Myzel auf seiner Wanderung unter der Erde auf winzige Wurzelausläufer einer Wirtspflanze stoßen und mit ihr eine Symbiose eingehen. In dieser Vereinigung – der zufälligen Begegnung zwischen den treibenden Fäden des Pilzes und den zarten Wurzelausläufern, sagen wir einer Eiche – wird die Trüffel geboren. Irgendwann zwischen April und Juni keimt die Knolle in Form einer winzigen Blase. In diesem Verhältnis auf Gegenseitigkeit liefert die Trüffel dem Baum Wasser, Stickstoff und mineralische Salze und bekommt dafür Kohlehydrate und Proteine, die sie sich selbst nicht verschaffen könnte.

Cabassac begriff, daß diese Hochzeit der Fasern eines der Wunder der Natur ist. Theophrastus hatte die Trüffel als Werk von Blitz und Regen betrachtet, und Porphyrus als das der Götter selbst. Sie flößte allen, die sich mit ihr beschäftigten, Demut, Respekt und Bewunderung ein. War es nur ein Zufall, fragte sich Cabassac, daß die Trüffel genau neun Monate brauchte, um zu reifen? Bevor sie indessen den Zustand der Reife erreichte, mußte sie endlose Hindernisse überwinden, endlosen Bedingungen gerecht werden. Die Trüffel brauchte kalkhaltige Böden, zum Beispiel, aber nicht im Übermaß; sie brauchte Regen in bestimmten Phasen des Jahres, aber nicht in anderen; sie brauchte ein leicht abfallendes Gelände, damit der Regen abfließen konnte, aber dies nur in bestimmten Grenzen; sie brauchte Frost, um im Winter zu reifen, aber nur für eine kurze, eng umrissene Periode. Es gab in der Tat fast keine Bedingung, welche das Wachstum der Trüffel begünstigte, die nicht zugleich – wie eine Art Nachtrag – die eigene Widerlegung enthielt.

Den ganzen Frühling dieses Jahres hindurch blieb Cabassac wachsam. Er wußte, daß die Trüffel bereits jetzt die erste einer langen Reihe von möglicherweise tödlichen Prüfungen zu bestehen hatte. Sie brauchte ein gewisses Maß an Wärme und Feuchtigkeit, um zu wachsen, aber zuviel Regen im späten Frühling konnte ihre noch zarten, suchenden Wurzeln ertränken. Auch konnte ein später Frost im Frühling die winzige Knolle abtöten, lange bevor sie die Reife erlangte. Deshalb stand Cabassac oft vor dem Thermometer, klopfte ans Glas, starrte aus den Fenstern und beobachtete – mit wachsender Aufmerksamkeit – die Bewegung der Wolken, das geringste Beben der Blätter in der großen Platane auf seinem Hof. Wenn alle Elemente willens waren – das hieß, wenn der Himmel selbst der Erde wohlgesonnen war und die Traumtrüffel die Reife im November erreichen ließ –, dann, das wußte Cabassac, würde er endlich, endlich erfahren, was Julieta gemeint hatte, als sie sagte, sie habe ihm etwas »Wunderbares, etwas vollkommen Wunderbares« mitzuteilen.

In diesem Frühling beobachtete Cabassac sogar mit großer Genauigkeit, wie die Elstern ihre Nester bauten. Ein alte provençalische Weisheit behauptete, je niedriger die Nester, desto kälter der kommende Winter. In der Tat las Cabassac jetzt alle Natur als Omen, als Prophezeiung. Alles in der Luft sagte ihm nun schon, Monate früher, voraus, was er einst aus der festen Erde graben würde. Während der Frühling fortschritt, tat Cabassac wenig mehr, als seinem Traumleben im kommenden Winter entgegenzublicken. Er lehrte immer noch, hielt seine Vorlesungen, aber er tat es in einer Art Trance: sein intellektuelles Leben hatte begonnen, sich in etwas Nebelhaftes, Unwirkliches zu verwandeln, seit die Vorbereitung auf jene von der Trüffel ausgelösten »Visitationen«, wie er sie nannte, zur einzigen verbleibenden Realität seines Lebens geworden war.

Im Laufe des Frühjahrs erhielt er erste schriftliche Mahnungen vom Rektor der *Université d'Avignon*. Die Qualität seiner Lehrveranstaltungen sei nicht ausreichend (»vage«, »unklar«, »widersprüchlich«, wie es in schriftlichen Bewertungen seiner Studenten hieß), und, schlimmer noch, er sei viel zu oft zu Vorlesungen und Seminaren einfach nicht erschienen. Wenn Cabassac sich überhaupt die Mühe machte, diese Warnungen zu lesen, so ignorierte er sie vollständig. Seine Kurse begannen sich zu leeren. Jede Woche erschienen weniger Studenten. Von der Atmosphäre privilegierter, intellektueller Lebhaftigkeit, die Cabassac früher geweckt hatte, war nichts mehr zu spüren. Er aber nahm das nicht zur Kenntnis, nahm überhaupt nichts mehr zur Kenntnis außer der Art, wie der Wind durch die Paulownia über dem Oberlicht des Hörsaals ging. Oder – gelegentlich – daß der Mond in demselben Fenster einen vielversprechenden Hof um sich gelegt hatte.

Zu Cabassacs Glück endete das Semester, bevor sein zunehmend verantwortungsloses Verhalten zu seiner Entlassung führen konnte. Er nahm es nicht wahr, aber ihm war noch einmal ein Aufschub gewährt worden. Sein Beruf, seine Forschung, die ganze Welt um ihn herum war ihm gleichgültig geworden, aber wenn ein leichter Regenschauer gegen Ende des Frühlings die ausgetrocknete Erde berührte, war er über die Maßen glücklich. Dieser Regen, das wußte er, würde den Durst der noch winzigen Knolle gerade lange genug löschen, um die Trüffel in jene kritische Phase ihrer Entwicklung zu bringen, der in der Provence als die »doppelten *Damos*« bekannt war. Die doppelten *Damos* bezeichnete die Zeit zwischen dem Tag der *Nosto-Damo de l'Assoumcion* am 15. August und dem Tag der *Nosto-Damo de la Nativeta* am 8. September. In dieser Zeit mußte es reichlich regnen, denn zwischen Mitte August und Anfang September erlebt die Trüffel eine Periode rapiden Wachstums. Wenn genügend Regen fällt, also fünf oder sechs Zentimeter pro Quadratmeter, kann die Trüffel in wenigen Tagen vom Hundertfachen bis zum Tausendfachen ihrer anfänglichen Größe wachsen. Und genau zu diesem Zeitpunkt befreit sie sich aus ihrer symbiotischen Beziehung zu ihrer Wirtspflanze und wird ein eigenständiges Gewächs.

Cabassac wartete. Er wartete, während die Mitte des August heranrückte und die Luft drückender wurde und sich an jedem Nachmittag im Osten gewaltige, aufquellende Gewitterwolken türmten – es schienen immer dieselben zu sein. Die stetig dunkler und massiger werdende immense, in die Höhe gerissene Struktur bebte von winzigen Blitzadern. Erst am 20. August indessen hörte Cabassac tatsächlich das Rollen des Donners, und es dauerte bis zum 23., bis ein paar dicke Tropfen eines totgeborenen *orage* auf die trockenen Blätter der großen Platane im Hof klatschten.

Es war Tanto Mirèio, die – fünf Nächte später – die wirkliche Ankunft des Gewitters vorhersagte. Sie brachte Kerzen und zwei Petroleumlampen zum Eßtisch, wo die beiden – seit Julietas Tod – ihre Mahlzeiten einnahmen. Ihr Verlust hatte sie einander näher gebracht; brachte sie jeden Abend in einem winzigen Kreis der Komplizenschaft zusammen. Während sie die Kerzen auf den Tisch legte und die beiden Lampen abstellte, erklärte sie: »Ich sage dir, du wirst dein *pistou* nicht aufgegessen haben, bevor der Strom ausfällt.« Dann fügte sie fast triumphierend hinzu: »Du wirst es sehen. Du wirst sehen, was für eine gute Wahrsagerin ich bin.«

Und tatsächlich, als er sich halb durch den dikken, dampfenden, mit Basilikum gewürzten Brei gearbeitet hatte – der viel eher fest als flüssig war –, brach ein Blitz direkt im Hof herunter, nicht mehr als zehn Meter von ihnen entfernt. Eine Sicherung im Sicherungskasten sprang heraus und stürzte das ganze Haus in tiefe Dunkelheit.

»Siehst du«, gackerte Tanto Mirèio, entzückt über ihre Fähigkeiten, solche Dinge vorauszusagen. »Siehst du, siehst du«, schrie sie begeistert, während sie um den Tisch ging, ein Streichholz in der kleinen durchscheinenden Schale ihrer Hände, und eine Kerze nach der anderen anzündete, dann die Dochte der verbeulten, hochhalsigen Messingpetroleumlampen. Ihr Gesicht wurde von unten beleuchtet, strahlte in einem engen Netzwerk von tiefen Falten. »Da hast du's, da hast du's!« rief sie jubelnd aus.

Blitze fielen jetzt in schneller Folge, so daß das Ende des einen Schlages mit dem Beginn des nächsten verschweißt zu sein schien. Die Wände schimmerten weiß wie Zinn, während der Fußboden unter dem stetigen Rollen des Donners erzitterte. »Siehst du, siehst du«, krähte Tanto Mirèio, während Cabassac, den Korkenzieher in der Hand, sich daran machte, eine Flasche seines ältesten, schwersten Vacqueyras zu öffnen. Denn das Gewitter hatte ihm eine Art Erleichterung, fast eine Befreiung gebracht. Selbst eine gewisse Leichtlebigkeit schien in die dunklen Zimmer und Korridore des verfallenen Bauernhauses getreten zu sein. Er füllte zwei Weinpokale, hob seinen in

Richtung auf die Tante. Sie war es, die den Toast ausbrachte.

»Auf Magalie«, sagte sie. »Auf unsere geliebte Magalie.«

»Ja«, stimmte Cabassac zu. »Auf Magalie.«

»Wo immer sie ist. Wo immer sie, gerade in diesem Augenblick, einen schönen Garten pflegt.«

»Ja, wo immer«, wiederholte Cabassac, und in seinem Weinglas spielte der Widerschein der Blitze, während er es an die Lippen hob.

ALS ER IN DER NACHT IM BETT LAG, HÖRTE Cabassac nicht nur, wie der Regen auf die hohlen roten Dachziegel über ihm schlug, sondern auch das plötzliche, harte Ping von Hagelkörnern, von *fruch de glaça*. Seit seiner Kindheit wußte er, daß die Trüffel schon immer als die Frucht dieses atmosphärischen Phänomens betrachtet worden war: des Hagels. Er hatte keine Ahnung, wie die Alten zuerst auf die Idee gekommen waren, das eine mit dem anderen zu verbinden: das eisige weiße Geschoß, das vom Himmel fällt, mit der schwarzen, vergrabenen, hermetischen Knolle da unten. Trotzdem hatte sich die Assoziation immer als zutreffend erwiesen, besonders wenn der Hagel zu einer Zeit fiel wie in dieser Nacht, nämlich zwischen den beiden *Damos*. Es hätte nicht verheißungsvoller sein können.

Wie so oft, folgte dem späten Sommergewitter ein unbändiger Mistral. Der Sturm, der oft als »Erdfresser« bezeichnet wurde, trocknete den Boden aus, ließ ihn sogar in Risse aufbrechen. Innerhalb weniger Tage wurde der Mutterboden so trocken wie Wüstensand. Cabassac nahm das als Zeichen auf. Als einen geomorphischen Hinweis. Da die Trüffeln unmittelbar nach dem späten Sommergewitter einen enormen Wachstumsschub erlebt hatten, hob ihr rapides Anschwellen die Erdoberfläche, obwohl sie zwanzig, dreißig, sogar vierzig Zentimeter über ihr lag, leicht an. Dieser Prozeß hinterließ auf dem Boden, was man ein *pèd-de-poulo* oder den Abdruck einer Hühnerklaue nennt. Cabassac wußte genau, was er in solchen Zeiten tun mußte. Er schob sich eine Handvoll Gerstenkörner in die Hosentasche und wanderte zu seinen aufgegebenen Terrassen hinaus, der Grenze zwischen dem Waldrand und den verwilderten Mandel-, Kirsch- und Aprikosengärten folgend. Wann immer er auf ein *pèd-de-poulo* stieß, ließ er Gerstenkörner genau in sein Zentrum fallen, und ging dann weiter zum nächsten.

An diesem Morgen fand und markierte er mehr als ein Dutzend solcher Stellen. Innerhalb weniger Wochen, das wußte er, würde der frühe Herbstregen diese Hühnerklauen-Abdrücke löschen, ihre kleinen Falten mit fortgeschwemmter Erde füllen. Aber bis dahin würden die Gerstenkörner sprießen und eine kleine, dünne Flagge aus rosagoldenen Halmen, die im Wind zitterten, hinterlassen. Und diese Flaggen verwiesen dann unfehlbar auf die reifende Trüffel unter der Erde.

Aber noch war es September. Es blieben noch beinahe zwei Monate bis *Sant Crespin*, am 25. November, wenn die grauen Trüffeln beim ersten Bodenfrost schließlich schwarz wurden. Dann – und erst dann – konnte die geheimnisvolle Frucht geerntet werden. In der Zwischenzeit mußte Cabassac sich – wiederum – damit begnügen, zu lehren, Vorlesungen zu halten und den fortgeschrittenen Studenten Hilfestellung bei ihren Arbeiten zu leisten. Woche um Woche fuhr er nach Avignon hinein, immer den Himmel im Auge, die Wolkenformationen, die geringste Schwankung des Windes. Nichts anderes als die atmosphärischen Veränderungen interessierte ihn, die Wetterbedingungen, die jetzt im Herbst das bestimmten, was im Winter sein Traumleben sein würde.

Es war nicht so, daß Cabassac das Jahr über

nicht von seiner toten Frau träumte, aber er sah sie nur in kurzen Blicken, in abgerissenen Traumfetzen, Momentaufnahmen, wie sie dasaß, die Arme um die Knie gelegt, oder er hörte einen Satz aus ihrem Mund, der sich im Nichts verlor. Im Winter aber würde das ganz anders sein. Er würde eine duftende Trüffel essen und in den Zustand eintreten, den er selbst die *disposicioun* nannte. Ganze Episoden würde er dann träumen – Hochglanz-Sequenzen, die sich wie ein Filmstreifen entrollten und, so schien es, Ewigkeiten andauerten. Er würde wieder mit seiner geliebten Julieta in eine wirkliche Verbindung treten.

Er parkte den Wagen wie immer unter den Mauern der Stadt und ging zu Fuß weiter zur Universität, angetrieben von nicht mehr als einem tiefsitzenden Automatismus. Er trat an das Pult, um eine sich ständig verringernde Zahl von Studenten anzusprechen, er begann zu murmeln, sich zu wiederholen, den Faden einer ihm selbst nicht mehr verständlichen Argumentation zu verlieren, und verirrte sich in einer Folge von nebelhaften Zusammenhanglosigkeiten. Auch verfiel er oft in ein unverständliches Schweigen. Wenn ihn in diesen Momenten ein Student genau beobachtet hätte, wäre ihm aufgefallen, daß Cabassac auf die letzte, jetzt leere Sitzreihe des Hörsaals starrte.

Wie hypnotisiert starrte er die Umrisse eines besonderen Sitzes an, als wäre das Holz selbst mit ionisierten Partikeln aufgeladen und als könnte er – von diesen Partikeln unwiderstehlich angezogen – nichts anderes tun, überhaupt nichts anderes, als dorthin zu starren und zu starren.

Im Oktober teilte der Rektor Cabassac mit, daß er nur noch auf Bewährung lehrte. Er bekam einen langen, tadelnden Brief, in dem er gewarnt wurde, daß sein Verhalten nicht länger toleriert werden könne. Dem Brief angefügt war eine Liste von Daten, zu denen er es ohne Entschuldigung versäumt hatte, seine Vorlesungen zu halten, sowie ein Auszug der wachsenden Zahl von Klagen von seiten der Studenten.

Es ist nicht ganz klar, ob Cabassac sich überhaupt die Mühe machte, den Brief zu öffnen, geschweige denn, ihn zu lesen. In der Tat ist es sehr ungewiß, ob Cabassac überhaupt noch an ihn gerichtete Post las. Nicht nur Briefe, auch Rechnungen blieben unbeachtet. Zweite und dritte Mahnungen, längst fällige Rechnungen für Wasser, Strom und Telefon zu zahlen, nahm er nicht zur Kenntnis. Philippe Cabassac war – so könnte man es ausdrücken – »woanders«. Als die Trüffelsaison heranrückte, schien er jede Sorge um die Gegenwart zugunsten der reichen Versprechungen einer schnell näherkommenden Zukunft aufzugeben. Nur diese Zukunft im Kopf, überließ er sich mehr und mehr seinen Vorbereitungen. Er suchte immer wieder die sprießenden Gerstenhalme auf, die auf den *pèd-de-poulo*-Stellen wuchsen, und sah sich die Flecken verbrannter Erde an, die produktiv zu werden versprachen. Er war ganz in das Reich des Möglichen eingetreten. Die physische Welt, die ihn unmittelbar umgab – seine Wände, seine Zimmer, sein Haus –, hatte sich längst in etwas Durchsichtiges, Immaterielles verwandelt. Lediglich die Flecken seiner Erde, wo er Trüffeln zu finden hoffte, und jene bevorstehenden Bodenfröste, welche die ersten schwarzen Knollen würden reifen lassen, hatten noch Bedeutung für ihn. Wie ein Mann, der ein lang erwartetes Rendezvous vor sich hat, konnte Cabassac an nichts anderes mehr denken.

Eines Abends Anfang November ging in seinem Haus das Licht aus. Da er die Stromrechnungen nicht bezahlt hatte, war ihm die Elektrizität abgeschaltet worden. Cabassac schien das seltsamerweise nicht besonders wichtig zu sein. Tanto Mirèio und er aßen bei Kerzenlicht wie in der Nacht des Gewitters vor zwei Monaten, tranken dann ihren Tisane am offenen Feuer im Wohnzimmer. Jeder, der den Wohnraum in diesem Augenblick betreten hätte, wäre von der Atmosphäre des Hauses überrascht worden. Cabassac und seine Tante lebten nicht nur in einem Haushalt ohne Strom, sondern in einer traditionellen provençalischen Einrichtung, die eigentlich seit mehr als einem halben Jahrhundert nicht mehr existierte.

Sie saßen schweigend am Feuer oder spielten *belote* an einem winzigen Kartentisch – das Klatschen der Karten auf der Tischplatte und das Zischen der Scheite im Feuer waren die einzigen Geräusche. Beide waren tief in ihre Gedanken versunken und vom bleichen Licht der Glühbirnen so weit entfernt, wie es zwei Menschen nur sein konnten. Den eigenen Gedanken nachhängend oder dem Gesang des Feuers lauschend, wären sie jedem, der in das Zimmer getreten wäre, als Überbleibsel einer Zivilisation erschienen, die längst versunken war.

Manchmal blätterte Cabassac in einem Almanach. Selbst ein Überbleibsel einer anderen Zeit, war der Almanach das einzige Buch, in dem er noch las. Er enthielt nicht nur so entscheidende Informationen wie die Folge der Mondphasen, die

Konjunktion der Planeten und die genauen Stunden der Mond- und Sonnenfinsternis, sondern auch die althergebrachten, bewährten Weisheiten einer ganzen agrarischen Kultur. Er las gerade von dem schneebringenden Mittwinterwind – *la rodo* –, als das Telefon klingelte. Widerwillig erhob sich Cabassac und nahm im Nebenzimmer den Hörer ab.

»Philippe?« hörte er eine ferne, vage vertraute Stimme fragen. »Bist du das, Philippe?«

Er versicherte ihr, daß er es sei.

»Wirklich, nach all den Jahren?« fragte sie in einer Tonlage, die viel zu vertraulich, zu intim für die Art ihrer Beziehung war.

»Du mußt mir aber versprechen«, bat sie ihn flüsternd, den Mund offenbar dicht an der Muschel, »daß du niemandem etwas davon erzählen wirst, überhaupt niemandem. Bitte versprich es mir!«

Er versprach es. Und sobald er das getan hatte, sobald er geschworen hatte, ihr Gespräch geheimzuhalten, fragte sie, ob sie sich treffen könnten.

»Irgendwo, wo du willst, aber bald. Jetzt, wenn du kannst. Heute abend, morgen früh, nur bald«, flehte sie ihn mit ihrem hitzigen Flüstern an.

Cabassac schlug vor, daß sie sich am folgenden Abend im Café Fin de Siècle in Cavaillon treffen sollten. Das Café, eine Bonbonschachtel aus Spiegeln, Rokokostuck und Fresken, die in ovalen Medaillons unter der Decke schwebten, schien ihm der vollkommene Ort für ein solches Treffen zu sein.

Am nächsten Abend traf er dort nur einen Moment vor ihr ein. Und als sie durch die elegante Glastür des Cafés hereintrat, fiel Cabassac die Ähnlichkeit auf. Hochgewachsen und geschmeidig, mit einem vollen Schopf schimmernden dunklen Haares und großen, ein wenig schräg gestellten Augen, sah sie Julieta tatsächlich ähnlich.

Sie setzte sich, nahm sofort Cabassacs Hände in die ihren und begann wieder in dem gleichen erregten Flüsterton zu sprechen: »Du hast ihr nichts gesagt, oder?«

Cabassac schüttelte den Kopf.

»Kein Wort?«

»Kein Wort.«

»Wie geht es ihr denn?« fragte sie hastig und sah sich über die Schulter um.

»Sie vermißt dich. Sie vermißt dich schrecklich.«

Sie sah ihn jetzt wieder an und drückte seine Hände noch intensiver als zuvor. Dann sagte sie: »Philippe, ich bin in Schwierigkeiten. In großen Schwierigkeiten, und es ist etwas, was sie nicht wissen darf, was überhaupt niemand wissen darf. Verstehst du mich?«

»Schwierigkeiten? Was für Schwierigkeiten?«

Sie wandte sich wieder um, winkte einen Kellner heran und bestellte sich einen Whiskey, einen doppelten, während Cabassac einen *café exprès* nahm. »Was für Schwierigkeiten?« fragte er noch einmal.

»Mir ist was Blödes passiert«, sagte sie, sobald sie einen Schluck Whiskey heruntergebracht hatte. Sie schüttelte heftig den Kopf, so daß sich ihr Haar einen Moment in ein glänzendes Rad zu verwandeln schien – eine schimmernde Scheibe. Dann begann sie zu erzählen. Sie war auf einer Party gewesen, vor einigen Monaten, im Zentrum von Quebec City. »Eine ziemlich wilde Party, das muß ich zugeben, aber auch nicht anders als die meisten.« Offenbar hatte sie die ganze Nacht dort zugebracht. »Ich war natürlich betrunken, aber die anderen auch alle«, erklärte sie und sah wieder über die Schulter. »Einfach jeder, sag ich dir«, betonte sie.

»Und was ist dann passiert?«

»Ich hab ein Kind angefahren. Ein kleines Kind, das auf dem Weg zur Schule war«, sagte sie und nahm wieder einen Schluck Whiskey. »Es war ein Mädchen, ich hab sie überhaupt nicht gesehen. Aber ich hab sie gehört, ich hab gehört, wie der Kotflügel sie traf und sie zur Seite wegflog. Es war ein kurzer Schrei, als sie getroffen wurde und zur Seite flog.« Sie hielt Cabassacs Hände, fester und fester. »Philippe, ich brauch deine Hilfe, verstehst du? Ich brauch wirklich deine Hilfe«, flüsterte sie in einem einzigen Atemzug. Der Whiskeygeruch schlug ihm entgegen, ihr Gesicht war dem seinen sehr nahe.

Cabassac konnte sich den Rest denken. Konnte sich – Stück um Stück – den Rest der Geschichte seiner Cousine zusammenreimen. Sie war nach dem Unfall von der Quebecer Polizei festgenommen und sofort wegen fahrlässiger Tötung und Fahrerflucht unter Alkohol- und Drogeneinfluß angeklagt worden. Außerdem hatte sie die Polizisten wahrscheinlich beleidigt. Und dann war sie ins Gefängnis gekommen, ein paar Tage später gegen Kaution freigelassen worden und hatte die Stadt und die Provinz Quebec fluchtartig verlassen, um ihr Leben zu retten.

»Bitte, Philippe«, flehte sie, strich mit den Daumen über seine Handknöchel, drückte sie in die engen Stellen zwischen den Fingern. »Ich tu alles, was du willst, aber hilf mir, hilf mir, Philippe, ich bitte dich«, sagte sie, ihr Gesicht dicht vor dem seinen.

Als er aus so großer Nähe in dieses Gesicht sah, mußte Cabassac sich eingestehen, daß Magalie und Julieta sehr wohl Schwestern oder vielleicht sogar Zwillinge hätten sein können, so sehr ähnelten sie sich in Gestalt und Gesichtszügen. Es war kein Wunder, daß Tanto Mirèio sich so hatte täuschen lassen. Dieselben großen, ein wenig traurigen Augen, die lange, spitz auslaufende Nase; der Mund, der mit seinen leicht angehobenen Mundwinkeln eine ständige Erwartung auszudrücken schien, selbst die Falte am Kinn – alles erinnerte ihn, und das sehr schmerzlich, an seine geliebte Frau.

Und in diesem Moment, als sie die Daumen in seine Hände grub und die Stirn an die seine legte, sah sie nicht nur aus wie Julieta, sondern duftete auch wie sie, strömte unterhalb des starken Whiskeygeruches einen leichten Harzduft aus – den Geruch des Nadelwaldes – wie Julieta. Cabassac erregte die Ähnlichkeit. Als ihr schwarzes, wie Lack glänzendes Haar durch die Haltung ihres Kopfes nach vorne fiel und die Spitzen seine Wangen berührten, spürte er es wie einen Stromschlag, der seinen ganzen Körper durchfuhr und ihn im tiefsten erreichte. Alles an Magalie, Aussehen, Duft, Gefühl, war wie Julieta. So wie die beiden da saßen in dem dunklen, reich dekorierten Café, die Stirn aneinandergelegt und ihre Hände auf den seinen, war alles, was Cabassac hören konnte, der

Laut von fließendem Wasser. Das Geräusch eines strömenden Baches. Es war das weiße Wasser, der schäumende Bach in den Bergen, wo er Julieta vor drei Jahren zum ersten Mal geliebt hatte, wo ihre Stimmen sich im Klatschen und Zischen der Stromschnellen verloren hatten.

»Tust du's, Philippe? Hilfst du mir?« fragte sie, fragte es immer wieder, während sie die Fingernägel in seine weichen Handballen grub. »Tust du's?« bohrte sie. Aber Cabassac war wie betäubt von dem herabstürzenden weißen Wasser und hörte sie kaum. Er war eingeschlossen in die Laute jenes fernen Nachmittags, der die plötzlichen wilden Erklärungen aus seinem Munde mit dem Rauschen eines unerschöpflichen Gebirgsstromes überdeckte.

»Also?« fragte sie, während sie ihre Lippen an die seinen legte, so daß er den Druck der Wörter spürte. »Ich tu alles, alles, was du willst, du brauchst es nur zu sagen. Sag es, und du bekommst es.«

Wenn Cabassac etwas weltlicher gewesen wäre und ein wenig geübter in solchen flüchtigen Beziehungen, hätte er Magalie auf der Stelle in eines der Hotels an der Überlandstraße geführt, die an solche Situationen gewöhnt waren. Aber das konnte er nicht. Geleitet von einem tiefsitzenden Instinkt, bat er Magalie, mit ihm an den einen

Ort auf der Erde zurückzukehren, den er genau kannte: in sein verfallenes Bauernhaus in den Hügeln. Ohne eine Sekunde zu zögern, stimmte sie zu, fuhr mit der Hand über seinen Oberschenkel und gab ihm einen langen Kuß auf den Mund. Sie versprach auch, im Haus vollkommen still zu sein, kein Wort zu sagen, nichts zu tun, was ihre schlafende Mutter wecken konnte, und am nächsten Morgen wieder zu verschwinden, bevor ihre Mutter aufstand. Sie wollte aber noch einen Whiskey, bevor die beiden schließlich aufbrachen und Arm in Arm zu Cabassacs auf dem Marktplatz geparkten Wagen gingen. Sobald sie die Türen zugeschlagen hatten, rückte Magalie dicht an Cabassac heran, strich mit langer, schlanker Hand zwischen seine Schenkeln und atmete ihm in die Zähne: »Versprich es mir, Philippe. Versprich es mir jetzt.«

Cabassac konnte nur nicken, er war gegen alles taub außer gegen das herabstürzende weiße Wasser, das in seinen Ohren dröhnte. »Laut«, sagte sie, »versprich es mir laut.« Ihr Rock lag hoch um ihre Hüften, und sie hatte sich über ihn geschoben, die Knie zu beiden Seiten seines kräftigen Körpers auf dem Sitz.

Also versprach er es ihr. Im Dröhnen des hartnäckigen Wassers versprach er, daß er alles in seiner Macht tun werde, um an Geld aufzutreiben, was sie brauchte. Ja, was immer sie brauchte.

»Was auch immer?«

»Was auch immer«, wiederholte er und spürte im selben Moment ihren schlanken Körper auf sich, spürte, wie er, als wollte er sein entfesseltes Begehren in der Enge ihres Geschlechts versiegeln, in sie hineinglitt.

»Ja«, keuchte sie an seinem Ohr. »Das ist nur ein Vorgeschmack, ein kleiner Vorgeschmack von dem, was du kriegen wirst. Ja«, versprach sie ihm, »eine kleine Vorschau dessen, was ich dir dafür geben werde. Dies, zum Beispiel, und dies«, fügte sie hinzu. »Also gut«, sagte sie dann und biß ihn leicht ins Ohr, »fahren wir jetzt in dein Haus, oder nicht?«

Sobald sie aber in Cabassacs großem, verfallenem Bauernhaus waren, sobald sie sich gegenseitig die Kleider vom Leib gerissen hatten und auf sein breites, hart gefedertes Bett gefallen waren, sobald Cabassac sie auf den Rücken geworfen und sich tief in sie hineingetrieben hatte, brach das betäubende Lärmen des Wassers in seinen Ohren abrupt ab; das Donnern des fallenden und strömenden Wassers – das er wie durch ein Wunder eine Stunde zuvor wiedergefunden hatte – war plötzlich verschwunden, es war still. Alles, was er jetzt noch hören konnte, waren die spitzen, abgerissenen Schreie seiner Cousine unter ihm, über ihm, vor ihm, als sie voller Lust seinem immer wieder erneuerten, aber vergeblichen Verlangen nachgab, nicht nur in einen Körper einzudringen, sondern bis zum Herzen eines geliebten Wesens vorzudringen. Aber da war niemand. Während Magalie wieder und wieder auf den Höhepunkt kam, konnte Cabassac sich in einer seltsamen Form von Impotenz nur eingestehen, daß diese bizarre Episode ein vollständiger Fehlschlag war. Nein, es war niemand da, nichts außer den sich windenden und bebenden Bewegungen geschmeidiger Muskeln, die sich an seiner eigenen, gleichsam sterilen Reaktionslosigkeit abarbeiteten.

Irgendwann in dieser Nacht – ein, zwei Stunden später – mußte Cabassac eingeschlafen sein. Irgendwann mußte Magalie nach unten gegangen sein, um in den Küchenschränken nach Alkohol zu suchen. Was ihn weckte, war aber nicht Magalie selbst, sondern herabfallendes Glas, das Zerbrechen von Glas auf dem Küchenboden. Beim Stöbern in den Schränken in einem Haus ohne elektrisches Licht hatte sie fast zwangsläufig etwas fallen lassen. Cabassac hielt den Atem an. Er hörte den eigenen Herzschlag, während seine Augen die dunklen Wände auf der Suche nach einem vertrauten Gegenstand, einem kleinem Widerschein absuchten. Was er am meisten fürchtete, geschah, mußte geschehen.

Er hörte die Stimme seiner Tante: »Wer ist da?« Auf ihrem mühsamen Weg in die Küche wiederholte sie die Frage immer wieder: »Wer ist da?« Sie hatte, fiel Cabassac ein, sicher ihre Taschenlampe dabei. Dann trat ein langes Schweigen ein, in dem Tanto Mirèio, glaubte er, den Lichtstrahl auf das Gesicht ihrer Tochter gerichtet hielt, und dann hörte Cabassac sie ausrufen: »Wer bist du? Was machst du hier, um Gottes willen? Bist du eingebrochen? Für wen hältst du dich?«

Cabassac hörte, wie Magalie zu erklären versuchte. Er hörte mehrfach das Wort »Mutter« und dann: »Erinnerst du dich nicht, ich bin's, Magalie, deine Tochter.«

»Magalie?« fragte Tanto Mirèio.

»Ja, deine kleine Magalie«, sagte Magalie. »Ich bin aus Kanada zurückgekommen, *maire*, um dich zu besuchen, um bei dir zu sein, mich um dich zu kümmern.«

»Magalie?« wiederholte Tanto Mirèio ungläubig.

»Ja, *maire*. Ja, ja«, flehte Magalie, und Cabassac sah vor sich, wie sie auf ihre Mutter zutrat, um sie zu umarmen. »Ich hab dir auch was mitgebracht.

Ein Geschenk. Es ist noch im Hotel, aber ich bring es dir morgen früh. Ich versprech es dir, *ma maire*.« Und sie legte wahrscheinlich die Arme um die Schultern der kräftigen kleinen Gestalt ihrer Mutter.

»Magalie? Magalie?« fragte Tanto Mirèio, und ihre Stimme wurde plötzlich weich, sanft und zugleich vollkommen entrückt, denn der Name allein, so schien es, war in der Lage, sie in eine andere Welt zu versetzen.

»Ja, ja«, versicherte ihr Magalie und schloß sie bestimmt noch fester in die Arme. »Ich bin es. Ich bin es, siehst du das nicht?«

»Aber Magalie, Magalie ist im Himmel«, sagte Tanto Mirèio tonlos. Die Worte waren an niemanden gerichtet, außer vielleicht an sie selbst, und sie hob die Augen – das wußte Cabassac – zur rußgefleckten Küchendecke. »Sie ist da oben«, sagte Tanto Mirèio, und ihre Stimme war vollkommen ruhig geworden, sicher, fast heiter. »Sie hat da einen Garten, ja, sie arbeitet in ihrem eigenen kleinen Garten an einem besonderen Ort. Da ist sie, meine Magalie.«

Dann, als fiele sie in Trance, begann sie etwas zu sagen, was wie ein Singsang klang: »Oh, nur eine Mutter weiß das. Nur eine Mutter erkennt ihre eigenen Kinder.«

Das hörte Cabassac, wieder und wieder, während er sich eilig anzog und die Treppe hinunterlief, um die beiden zu trennen. Er führte die arme, noch immer ihren Singsang wiederholende Tante in ihre Zimmer im Seitenflügel des Hauses zurück.

Magalie stand in der Küche, gezwungen, das Ganze wie eine Fremde mit anzusehen. Sie war jetzt die Waise geworden. Während der ganzen langsamen Wanderung zurück in ihr Schlafzimmer, vor ihr die Lichtpfütze der Lampe auf den gebrochenen Dielenbrettern, hörte Tanto Mirèio nicht einen Augenblick auf, denselben unerschöpflichen Refrain zu wiederholen: »Oh, nur eine Mutter weiß das. Nur eine Mutter erkennt ihre eigenen Kinder.«

CABASSAC WUSSTE, DASS MAGALIE EINE BEträchtliche Summe Geldes brauchte, wenn sie ein neues Leben aufbauen wollte. (Ihre Behauptung, sich nach einiger Zeit dem Gericht in Kanada stellen zu wollen, Wiedergutmachung zu zahlen und selbst eine Gefängnisstrafe auf sich nehmen zu wollen, glaubte er keinen Augenblick.) Er rief den Makler an. Es gab für ihn keine andere Weise, an

Geld zu kommen, er mußte wieder Land verkaufen. Am nächsten Tag erklärte er dem Makler in seinem Büro, wieviel Geld er brauchte, und der Mann pfiff verblüfft durch die Zähne. Das hieß aber nicht, daß er zögerte. Im Gegenteil, er hatte schon seit Jahren Land aus Cabassacs Besitz gekauft, ein paar aufgegebene Terrassen hier, ein Stück Moor da oder einige am Rand liegende Parzellen mit einem Taubenschlag oder einem Schuppen für die Seidenraupenzucht. Nein, er war nicht unerfreut über die Situation. Er hatte innerhalb einer relativ kurzen Zeitspanne einen guten Teil von Cabassacs großem Landbesitz an sich gebracht. Bisher aber hatte er noch keinen Quadratmeter des einst blühenden Hofes weiterverkauft. Worauf wartete er, dachte Cabassac oft. Auf alles? Auf jeden letzten kleinen Flecken Erde? Auf jede Tür und Türklinke und auf jedes rostende Schlüsselloch?

Am darauffolgenden Tag gingen Cabassac und der Makler zum Notar, um den hastig entworfenen Kaufvertrag beurkunden zu lassen. Es war ein umfangreiches Papier, voller Vorbedingungen, Sicherheitsklauseln und Zusätze. Es war jetzt bereits November, und Cabassac – im Grunde entsetzt über die ganze Episode mit seiner Cousine – war in Gedanken woanders. Während der Notar die unendlich komplexen Verkaufsvereinbarungen vorlas, sah Cabassac unverwandt aus dem Fenster. Er starrte auf den Mond, der dreiviertelvoll über einem Hügel dahintrieb. Das Fenster, ein kleines quadratisches Guckloch, war umgeben von Regalen mit dicken Archivbänden, die in knochenweißes Pergament gebunden waren und zum Teil bis in die Zeit der Renaissance zurückgingen. Der Mond, mitten in diesen dichten menschlichen Zeugnissen, schien frei wie ein Vogel dahinzuschweben, wie irgendein Gesandter des Himmels. Leicht und fern, erhob er sich über Jahrhunderte des Streits und der Klagen, über eine endlose Folge beglaubigter Verträge, in denen Kauf und Verkauf jedes einzelnen Fleckens Erde festgehalten war, jeder Aufschub und jedes Vorkaufsrecht, die Flecken selbst noch wieder aufgeteilt und verpachtet, beansprucht und zurückgefordert und neu verteilt – wieder und wieder – wie Karten in einem Kartenspiel, das weder eine Unterbrechung noch einen Schluß kannte. Der Mond in seiner geschwollenen Ellipsenform zog Cabassac vollständig aus diesen Geschäften heraus. Er hörte die eintönige Stimme des Notars, der – Klausel um Klausel – die Bedingungen vorlas, unter denen diese und jene Teile von Cabassacs Besitz an einem bestimmten Tag eines ge-

gebenen Jahres für die und die Summen Geldes an den Immobilienmakler, dessen voller Name immer wieder auftauchte, übergehen sollten, ohne daß Cabassac die Worte selbst wahrnahm.

Immer noch in Gedanken beim Mond, unterzeichnete er die siebzehn Seiten des Dokuments, ohne sie noch einmal zu lesen. Vielleicht unterschrieb er sogar, ohne den Blick von dem Himmelskörper abzuwenden, während er selbst einige Kalkulationen anderer Art anstellte: Wie lange würde es noch dauern, bis Vollmond war und mit dem dann wieder abnehmenden Mond der erste ernsthafte Bodenfrost kam? Denn im November kündete der Vollmond die Trüffeln an. Er eröffnete für Cabassac die Traumsaison.

Er unterzeichnete den Verkauf seines gesamten Besitzes, ohne es zu wissen. Vielleicht, ohne daß es ihn kümmerte. Er war viel zu sehr davon in Anspruch genommen, den zunehmenden Mond zu beobachten, der ihm seine Julieta Tag für Tag näher brachte. Nichts anderes hatte irgendeine Bedeutung.

IV

In diesem Winter, drei Jahre nach Julietas Tod, verbrachte Philippe Cabassac lange Strecken des Sommers mit seiner Geliebten. In Traum auf Traum trafen sie sich, umarmten sich und waren – in lebhafte Gespräche vertieft – Stunden, manchmal ganze Tage zusammen. Auch wenn die Träume in Wirklichkeit nur wenige Minuten dauerten, schienen sie ihm in einer ganz eigenen Zeitdimension abzulaufen. In langen Sequenzen gingen sie weiter und weiter, als schwebten sie in einer Welt, die elastisch wie Honig war, durchsichtig wie Bernstein.

Die Träume hatten wiederum Mitte November begonnen. Cabassac hatte eine fünfundsiebzig Gramm schwere schwarze Trüffel ausgegraben, nur ein paar Tage, nachdem der erste Bodenfrost sie hatte reifen lassen. Wie immer, ließ er sie drei Tage ruhen, bevor er sie in dicke Scheiben aufschnitt, die er mit einem fast noch flüssigen Omelett verzehrte. Es war eine Sitte in der Provence, die Trüffel drei Tage lang zu den Eiern zu legen, damit sie diese »einbalsamierte«. Die drei Eier und die Trüffel wurden dazu in ein luftdicht abgeschlossenes Einweckglas gelegt. Cabassac war abergläubisch und hielt die Zahl drei, die Trinität – zweifellos eine Ableitung aus dem Christentum –, in hohem Respekt. Er tat alles in Dreien. Er füllte sogar seinen Federhalter dreimal, ließ dann, nach der dritten Füllung, drei träge Tropfen von der Spitze der Goldfeder fallen. So machte er es auch mit den Trüffeln. Die Trinität mußte um jeden Preis beachtet werden.

Und so kamen mit den ersten Trüffeln die ersten der Zeit enthobenen Träume. Es kam eine Serie von Erscheinungen, die sich den ganzen Winter hindurch aneinanderschlossen wie aufeinander folgende Episoden eines Dramas. Um sich darauf vorzubereiten, beachtete Cabassac wiederum jenen kleinen Satz an zeremoniellen Gesten, die er für sich selbst festgelegt hatte. Nachdem er die Trüffel in dem flüssigen Gold des Omeletts zu sich genommen hatte, setzte er sich an das Feuer im Kamin, trank eine große Schale Verbenentee, blätterte abwesend in irgendeiner gelehrten Schrift und trieb langsam – Stück für Stück – in jenen verheißungsvollen Zustand hinüber: in die *disposicioun*, wie er es nannte. Dort sitzend, wartete er, bis die hohe Standuhr im leeren Korridor neun schlug. Dann, genau um neun Uhr, zog er sich zurück. Oben unter der niedrigen Balkendecke seines Schlafzimmers lagen auf seinem Bett die Kissen und die gestärkten Laken makellos gefaltet, als erwarteten sie nicht nur ihn, sondern noch jemanden.

Und es kam ja auch noch jemand. Sobald Cabassac sich ausgekleidet hatte, zwischen die zeremoniell ausgelegten Laken geschlüpft war und begonnen hatte, seine kleine Liturgie der letzten Worte Julietas im letzten, langen, von der Trüffel inspirierten Traum des vorhergehenden Winters aufzusagen, schlief er ein, und sie erschien. Sie war wieder da, und sie murmelte die Worte: »Ich habe dir etwas Wunderbares, etwas vollkommen Wunderbares mitzuteilen.« Dieses Mal, indessen, rief sie es Cabassac nicht über eine Distanz hinweg zu. Sie war ihm ganz nahe, sie hätte kaum näher sein können. »Was?« fragte er, »was ist es, Julieta?«

Als Antwort nahm sie seine Hand und legte sie sich auf den Unterleib. »Fühlst du es?« flüsterte sie. »Ja? Fühlst du es?« Seine Hand war zwischen seinem und ihrem Leib eingepreßt, da sie sich an ihn drückte, so daß ihre beiden Körper eine einzige Skulptur bildeten. Und er fühlte in der Tat dieselbe, kaum wahrnehmbare Schwellung, die er drei Jahre zuvor gespürt hatte, nur war sie diesmal deutlicher, voller, runder. Es war, als hätte sich Julietas Schwangerschaft fortentwickelt, als wäre sie nicht unterbrochen worden. »Ist das nicht wunderbar, Philippe? Ist das nicht das Wunderbarste auf dieser Welt?« fragte sie. Und Cabassac antwortete, ohne eine Sekunde zu zögern: »Ja, ja, Julieta, das ist es, ganz gewiß.«

Denn in den drei Jahren seit ihrem Tod hatte er sich mit seinem Gewissen versöhnt. Er hatte in der Tiefe seines Herzens begriffen, daß er nicht nur ein Zeuge des größten Wunders des Lebens gewesen war, sondern daran teilgehabt hatte. Denn hier, in diesem unsichtbaren Dritten, lag die einzige denkbare Bestätigung ihrer Liebe, lag ihre letzte Dimension.

»Komm«, flüsterte sie, »laß uns raufgehen.«

»Geht das auch?« fragte Cabassac besorgt. »Was sagen die Ärzte? Was haben sie gesagt?«

»Komm«, sagte sie. »Du mußt nur vorsichtig sein, das ist alles. Sonst müssen wir uns keine Sorgen machen. Mach's nur langsam.« Und sie führte ihn an der Hand die dunkle Treppe hinauf und zog ihn in genau das Schlafzimmer – unter denselben Deckenbalken –, in dem er jetzt lag und diesen Traum träumte. Es war, als hätte der Traum sich – wie eine blendende Illumination – über seinen untröstlichen Körper gelegt.

»Langsam«, wiederholte sie, als er ihr die Hose auszog, dann ihren Slip, und auf die Knie sank, um sich wieder an der dunklen weichen Muschel zu nähren, diesem tiefen, feuchten Organismus, der mit der Schwangerschaft eine ganz neue, eigene saftige Üppigkeit angenommen hatte.

»Sch …«, flüsterte sie, sich auf dem Bett zurücklegend. »Sch …«, wiederholte sie, um Cabassac an ihren Zustand zu erinnern, während er sich auszog und nackt neben sie legte. Er spürte ihre Fingerspitzen, die ihn ergriffen und ohne jedes Zögern in diese quellende Üppigkeit führten.

»Sch …«, machte sie noch einmal.

»Sch …, sch …«, flüsterte sie immer wieder, die ganze Nacht hindurch, während sie sich so langsam, vorsichtig und zärtlich liebten, wie es zwei Menschen vermögen, und sie genossen einen tiefempfundenen Höhepunkt nach dem anderen.

»Sch …«, erinnerte sie ihn immer wieder.

»Sch …«, machte sie wieder und wieder. Aber die ganze Nacht hindurch vermochten auch ihre sanften Bitten nichts gegen das ununterbrochene Rauschen des Wassers in Cabassacs Ohren. Es war in dieser Nacht lauter als je zuvor.

In der folgenden Woche schneite es. Der Schnee selbst war etwas Günstiges, wie Cabassac wußte, denn er schützte die Trüffeln unter seiner Decke. Auch entmutigte er Räuber. Denn nicht nur Trüffelsucher, auch Keiler, Dachse, Mäuse, sogar diese trägen, unersättlichen Schnecken – die *helix promatea* – wurden von dem milden, unterirdischen Duft der Trüffeln angezogen. Der Schnee schützte die Trüffeln also nicht nur vor dem Menschen, sondern auch vor diesen Tieren. Nach einigen Tagen begann Cabassac ans Glas seines Barometers zu klopfen, befragte immer wieder das Thermometer und fragte sich, wann der Schnee schmelzen und der Erdboden wieder auftauchen würde – zusammen mit den kleinen, strohfarbenen, verräterischen Fliegen. Aber in diesen frühen Dezembertagen schien die Temperatur nur fallen zu wollen, und der Mond nahm Nacht um Nacht zu, wurde immer lichter, wurde hell und bleich wie ein Gletscher.

»*Malan*«, fluchte er mit zusammengebissenen Zähnen, während er auf die weißen Flächen vor ihm hinausstarrte. Der Mond schien geradezu ein

Scheinwerferlicht auf die doppelte Reihe der Maulbeerbäume zu werfen, welche die Auffahrt hinunter zur Landstraße säumten. »*Malan*«, wiederholte er, und seine violetten Augen blinzelten in das grelle Mondlicht hinaus, während er in einer Schale Verbenentee rührte, der schon alle Wärme verloren hatte. In der kommenden Woche, das wußte er, würde es keinen Balsam geben, keinen kryptogamen Trunk, der ihn – wie auf einem mythischen Floß – zu seiner Geliebten tragen würde. Nein, nichts, was ihn nicht nur zu Julieta bringen würde, sondern zu einer seltsam intensivierten Julieta. Und darüber hinaus gab es für Cabassac keinen Zweifel: sie konnte nur ein kleines Mädchen erwarten. Eine eigene kleine Julieta.

In der Nacht träumte er von ihnen – von ihnen beiden –, aber nur in gebrochenen Sektionen. Nur in kurzen Ausschnitten. Sie waren wie Stücke eines zerbrochenen Spiegels, diese Träume – unvorbereitet, unmotiviert –, und sie gaben Cabassac ein noch stärkeres Gefühl der Einsamkeit. Sie waren weder zusammenhängend noch chronologisch. Er wachte am nächsten Morgen auf und hörte Tanto Mirèio unten im Haus herumwirtschaften. Sie war offenbar dabei, das Feuer im Wohnzimmer anzufachen, und ihre *pantoufles* schuffelten auf den seifenglatten Steinplatten herum. So erwachte er jetzt an Morgen auf Morgen. Sein Leben hatte sich in etwas völlig Mechanisches, Systematisches verwandelt. Außer diesen überwältigenden Traum-Visitationen, hatte er sich auf die immer gleichen Gesten, Bewegungen und Abläufe seines Lebens beschränkt. Nichts, absolut nichts, konnte geschehen, das nicht schon geschehen war. Jeder Tag ähnelte dem vorhergehenden, wie es auch jede Mahlzeit tat – wie die Seiten einer endlos langen, pedantischen Dissertation. Was seine Lehrverpflichtungen anging, so hatte er sie weniger aufgegeben als ganz und gar vergessen. Ein eingeschriebener Brief vom Rektor der Universität – eine letzte Warnung – war ungeöffnet liegengeblieben, und der Stapel der unbezahlten Haushalts- und Steuerrechnungen wurde immer höher. Seine Träume waren zu den einzig bedeutungsvollen Momenten seiner gesamten Existenz geworden.

»*Malan*«, fluchte er weiter, während er in die bleiche Landschaft hinausstarrte, die nun schon seit zwei Wochen im Frost dalag. Erst am Beginn der dritten Woche begannen Schnee und Eis zu tauen, und kleine Inseln brauner Erde tauchten inmitten der hartnäckigen Decke aus Schnee und bläulichem Eis auf. Ein Südwind kam auf und verwandelte Schnee und Eis in Matsch. Es war ein unerwarteter Wärmeeinbruch mitten im Winter. Vögel flogen auf den Feldern herum und pickten die letzten trockenen Samen auf, die sie finden konnten. Innerhalb von Tagen war der Boden aufgetaut genug, um auf die Suche zu gehen, und Cabassac schnitzte sich einen frischen Zweig der Aleppokiefer zurecht und begann wieder auf Gräser und Sträucher am Rande des Eichenwaldes zu schlagen. Aber dieses Mal hatten die Trüffeln, die er ausgrub (und er fand viele), in der langen Feuchtigkeit schon zu verfaulen begonnen, sie waren weich und rochen ranzig. Er mußte abwarten, begriff er, bis die Temperaturen wieder fielen und eine neue Trüffelgeneration unter dem nährenden Einfluß eines trockenen, tiefen und unverzichtbaren Frostes heranreifte.

Erst gegen Ende Dezember traten diese Bedingungen ein. Und dann gelang es Cabassac, einen vollkommen gesunden, stark duftenden, hundertfünfzig Gramm schweren »schwarzen Diamanten« zu finden. Drei Nächte später trat er wieder in das strenge Ritual ein, das ihn in sein Schlafzimmer führte, in sein Doppelbett und – ganz kurz vor dem Einschlafen – in jene exakte, Szene um Szene erfassende Rekapitulation des vorhergehenden Traumes. Die Fortsetzung begann innerhalb von Minuten.

In dem Traum dieser Nacht erschien Julieta fast genauso wie beim vorhergehenden Mal, nur daß ihr Bauch in der Zwischenzeit beträchtlich angeschwollen war: sie war mindestens zwei, drei Monate weiter. Sie lagen wieder im selben Bett, aber jetzt still, von Kopf bis Fuß schwitzend, als hätten sie sich nur Augenblicke zuvor geliebt, als hätte Julieta gerade ein letztes weiches langes »Sch …« als zärtliche Mahnung von sich gegeben. Sie lagen dort, bis winzige Spitzen des Sonnenlichts durch die geschlossenen Läden drangen und das Bett mit einer Fülle von scharf umrissenen kleinen leuchtenden Punkten sprenkelten. Das Gesicht in der Schulter des anderen vergraben, lagen sie da, bis Cabassac sich schließlich aufrichtete, sich von ihrem harzig duftenden Körper löste und Julieta an ihren Arzttermin erinnerte, denn an diesem Morgen sollte sie zum Gynäkologen gehen. Sie würden – wie sie es so oft getan hatten – zusammen nach Avignon fahren. Aber dieses Mal nicht wegen einer Vorlesung, nicht wegen der Lehre jener fast toten Kultur, der sie sich widmeten, sondern – im Gegenteil – wegen einer bevorstehenden Geburt. Nicht um der Untersuchung einer subtilen grammatischen Variante in einem fast ausgestorbenen Idiom willen, sondern in Vorbereitung auf ein lebendiges Geschöpf.

»Ausgezeichnet, ausgezeichnet«, erklärte Julietas Gynäkologe an diesem Morgen, als er das Stethoskop abnahm und mit einem warmen, beruhigenden Blick aufsah. »Es liegt gut«, (*bien placé*), sagte er. »Es dürfte keine Komplikationen geben.« Er führte sie sanft, fast vertraulich, zur Tür und fügte hinzu: »Ich bin stolz auf Sie, junge Frau, sehr stolz.«

Den Rest des Morgens verbrachten sie mit Einkäufen auf der rue Joseph Vernet. Cabassac kaufte Julieta mehrere Mutterschaftskleider und einen handbedruckten Seidenschal, der mit Sternen besetzt war. Dann feierten sie die guten Nachrichten mit einem ausschweifenden Mittagessen auf der Gartenterrasse des Hôtel la Mirande. Sie begannen mit einem gekühlten, festen *gazpacho*, der in flachen Keramikschüsseln aufgetragen wurde, aßen dann eine *daurade royal au fenouil*, wozu sie ein wenig Bandol aus hohen Gläsern tranken. Julieta hielt ihr Glas in zwei schlanken Fingern und nippte wie der schöne Wasservogel, der sie war, vorsichtig vom äußersten Rand. Unter ihrem schimmernden Haar bildeten ihre langen Lider, die Nase und die Lippen mit der Rundung des Glases eine eigene, strahlende Komposition. Cabassac sah sie an wie ein Anbetender.

»Möchtest du noch irgend etwas anderes?« fragte er sie.

»Nichts«, sagte sie vor sich hin lächelnd. »Absolut nichts. Es gibt nichts, nichts auf der Welt, das ich mehr wollen könnte als das, was ich genau in diesem Moment habe. Nichts, nichts«, wiederholte sie und schüttelte den Kopf, als könnte sie das Glück, das sie erlebte, nicht fassen. Sie stellte das Glas auf den Tisch zurück und starrte in seine schimmernden Tiefen. Sie konnte nicht aufhören, den Kopf zu schütteln, während sie wieder und wieder sagte: »Nichts, einfach gar nichts, Philippe. Nein, gar nichts auf der Welt.«

Weil Cabassac die Rechnungen nicht bezahlt hatte, wurde eine Woche später das Wasser abgestellt. Das machte aber ihm und Tanto Mirèio überhaupt nichts aus. Sie führten ihr tägliches Leben weiter, als wäre nichts geschehen – er suchte an den Berghängen nach den seltenen Knollen, und sie kochte, schleppte Holzscheite heran und fachte die Feuer im Haus an. Sie holten jetzt einfach Wasser von der Pumpe im Hof und trugen es in schwarzen, überschwappenden Eimern ins Haus.

Genau zwei Wochen später wurde auch das Telefon abgestellt. Aber das konnte Cabassac gar nicht merken, da niemand mehr – mit der Ausnahme von Magalies überraschendem Anruf vor Monaten – diesen aller Welt entfremdeten Haushalt anrief. Und umgekehrt gab es niemanden, den Cabassac hätte anrufen wollen. Niemanden, mit dem er hätte sprechen wollen, zumindest nicht durch einen Telefonhörer.

Cabassac und seine Tante hatten sich von allen modernen Einrichtungen gelöst, von einer nach der anderen, ohne das geringste Verlustgefühl zu verspüren. Kaum den Unterschied bemerkend, hatten sie angefangen, ohne Elektrizität, Telefon oder fließend Wasser zu leben – ohne diese Installationen, die im allgemeinen als für ein modernes Leben unverzichtbar galten. Für Philippe Cabassac war jetzt ohnedies nichts mehr unverzichtbar, außer dem Pilz selbst. Außer der schwarzen Knolle. Außer den tiefen, heilsamen Einflüssen der unterirdischen Frucht, die ihn, Nacht um Nacht, in einen solchen Zustand reiner Rezeptivität versetzte.

Den ganzen Februar hindurch schlug Cabassac mit zunehmender Leidenschaft auf der Suche nach Trüffeln in die niedrigen Gräser. Einen Flekken Steinkraut nach dem anderen untersuchte er in dem Versuch, eine der Fliegen, der goldenen Dipteren, aufzuscheuchen. Wie immer näherte er sich einem vielversprechenden Gebiet mit der niedrigstehenden Morgensonne oder der späten Nachmittagssonne direkt vor sich. Auf die Weise schimmerten die Flügel deutlich sichtbar im Gegenlicht, während er selbst keinen Schatten warf, der *lei moscas* hätte warnen können. Die Fliegen, schwer mit Eiern beladen, wollten in dieser entscheidenden Phase ihres Lebenszyklus nicht aufgestört werden. Widerwillig sprangen sie eher auf, als daß sie flogen, nur um sich nach wenigen Minuten wieder wie magnetisch angezogen an demselben Platz niederzulassen. Cabassac, der immer seinen abergläubischen Gewohnheiten treu blieb, ließ die Fliege dreimal auffliegen und wieder zurückkehren, bevor er in die Knie ging und die Erde direkt unterhalb der Stelle aufgrub. Er schnüffelte an der Erde in seinen Händen, hielt sie in den zusammengelegten Handflächen und atmete ihr Aroma tief ein und grub dann in der Richtung, die ihm der Pilzduft wies, dieses flüchtige, salzige, schweflige Parfüm.

Ein vergrabenes Ding für ein anderes, sagte er sich immer wieder, während er grub, die violetten Augen von den schweren, stahlgerahmten Brillengläsern vergrößert. Ja, ein dunkles Geheimnis für ein anderes, sagte er sich, während sein ganzer Körper von einer tiefen Erregung durchlaufen wurde, als seine Fingerspitzen die runde schwarze Frucht berührten. Und konnte er, wenn er fühlte, wie die Erde sich leicht von der prallen, muskulösen Masse löste, den Gedanken vermeiden, daß er, indem er diese berührte, auch die andere berührte? Daß eine unsichtbare Strömung – scharf wie ein Blitzschlag und subtil wie Staub – die beiden verband?

In diesem Februar gab es eine Fülle von Trüffeln. Und daher auch einen Reichtum an Träumen. In einem nach dem anderen folgte er Julietas Schwangerschaft fast Tag um Tag und wurde dadurch nicht nur zu einem Partner, sondern zu einem Komplizen des sich ansammelnden, immer dichter werdenden Mysteriums. Er spürte sogar, wie sich sein Herz mit jedem neuen Traum füllte, wie es wuchs und sich rundete. Ja, es schwoll an wie Julietas Leib. Die Träume hatten darüber hinaus nicht nur eine enorme emotionale Wirkung auf Cabassacs Leben, sondern auch eine praktische. Denn es gab eine Reihe von unmittelbaren Notwendigkeiten, für die er sich und sich allein verantwortlich fühlte. Zuerst war da natürlich die Frage des Kinderzimmers. Wo sollte das Baby schlafen?

Julieta und er sprachen die verschiedenen Möglichkeiten durch, während sie in einem langen, intensiv pastoralen Traum, den Cabassac in diesem Monat träumte, an der Sorgue, einem Fluß in der Umgebung, entlanggingen. Sie betraten eine gewölbte Eisenbrücke und blickten auf ihr Spiegelbild in der glatten, smaragdgrünen Oberfläche der schnellen Strömung hinab. Sie sahen, wie sich in der Spiegelung die langen, im Wind fließenden Zweige der Weiden über ihnen mit den ebenso langen bronzefarbenen Algenfahnen unter dem Wasser verbanden. Julieta lehnte den Kopf an Cabassacs Schulter, blickte träge in die Strömung und flüsterte: »Bei uns, Philippe. Wäre es nicht schön, wenn sie bei uns schliefe? Ja, wir drei in unserem warmen, hellen Schlafzimmer. Wär das nicht schön, Philippe? Wäre es nicht wundervoll?«

Er zog sie noch näher an sich, so daß ihr Gesicht an seinem Hals lag und das weiche, glänzende Schwarz ihres Haares – mit seinem reichen Harzduft – sich an seine Wange drückte. »Ja, wäre das nicht wunderbar?« stimmte er zu. »Wäre es nicht vollkommen wunderbar?«

Es ist schwer zu sagen, wann genau Philippe Cabassac die Grenzlinie überschritt: wann der immense Reichtum seines Traumlebens in seine ärmliche tagtägliche Existenz eindrang und diese schließlich ganz überwältigte. Während die letztere seinem Bewußtsein entglitt, wurde er mehr und mehr von seinen Träumen verzehrt, ja, überschwemmt. Stück um Stück brach die Barriere zwischen seinen beiden Welten zusammen. Er hatte begonnen, an dem Haus zu arbeiten, das er seit Jahrzehnten vernachlässigt hatte: er ersetzte Bodenfliesen und abgetretene Holzstufen der Treppe, er verputzte den Rauchfang des Kamins in der Küche. Bewußt oder nicht, er bereitete sich vor. Er bereitete das Haus auf die Ankunft seiner geliebten kleinen Familie vor. War Julieta in seinen letzten Träumen den Geburtswehen nicht ganz nahe gewesen, ihr Leib hoch gewölbt und ihr Blick träge, heiter, ganz nach innen gerichtet? Er mußte jetzt schnell machen, das begriff er. Er mußte das alte Bauernhaus in ein Heim verwandeln, das es wert war, diese geliebten Geschöpfe aufzunehmen. Er hatte nicht mehr viel Zeit.

Während dieser Tage im Spätwinter schien Cabassac in einer Art belebter Trance in seinem Haus herumzulaufen, er handelte mehr aus einem inneren Zwang heraus – aus dringenden, tief in ihm liegenden Signalen –, als einer bewußten Entscheidung folgend. Er hämmerte hier, verstärkte dort, er vermittelte den Eindruck eines Menschen, der ohne jede Voraussicht funktionierte, seine violetten Augen wie die eines Schlafwandlers starr auf die Aufgabe vor ihm gerichtet. Mit jeder Woche, die vorüberging, wurde dieser Zustand akuter, und Cabassac entfernte sich immer mehr von der Realität. Im späten Februar lebte er nicht mehr *für* seine Träume, sondern *in* ihnen. Als Julietas Geburtstermin näherrückte, träumte er davon, daß sie beide die praktischen Aspekte der Pflege eines Säuglings diskutierten. In einem dieser Träume ordnete Julieta Babykleider und legte sie in sorgfältigen kleinen Stapeln auf das makellose Weiß ihrer Bettdecke. Auf Cabassac wirkten sie mehr wie kleine Kuchen, wie *galettes*, die im Fenster eines *pâtissiers* auslagen.

»Lätzchen«, murmelte sie verträumt, »wir haben nicht genug Lätzchen, Philippe.« Sie fuhr mit ihrem langen, eleganten Zeigefinger an den gefältelten Rändern eines Stapels entlang, während sie sagte: »Wenn du das nächste Mal in Cavaillon bist, könntest du vielleicht daran denken, noch ein paar zu kaufen. Vielleicht drei oder vier, wenn du daran denkst.«

Am nächsten Morgen fuhr Cabassac nach Cavaillon und kaufte nicht nur ein halbes Dutzend Lätzchen im Prénatal, sondern suchte nach jedem Teil an Babykleidung, an das er sich aus dem Traum der letzten Nacht erinnern konnte. Er wählte Windeln, Hemdchen, Frotteeanzüge, selbst mehrere Paar Handschuhe, die nicht viel größer als *petits fours* waren und ebenso rosa.

»Oh, Sie bekommen ein Baby«, rief die Verkäuferin aus. »Wann ist es denn soweit?«

In seinem schweren Winterdufflecoat schien Cabassac an diesem Morgen nicht viel mehr als der massive Träger seines eigenen wilden, gewichtslosen, freudigen Blicks zu sein. »Kann jeden Tag soweit sein«, flüsterte er fast. »Ja, jeden Tag«, wiederholte er atemlos, und seine Augen ruhten nirgendwo aus, sondern flogen in einer Art wahnsinniger Erregung von Auslage zu Auslage, von Regal zu Regal.

»Geht Ihre Frau in die neue Klinik?« fragte die Verkäuferin.

Aber Cabassac hörte sie gar nicht. Seine Augen waren von einer blassen violetten Spiegelung gefangen, die von einer Glasvitrine zur nächsten zu tanzen schien. Fasziniert stellte er fest, daß die Spiegelung sich jedesmal bewegte, wenn er es tat. Wenn er einen Lidschlag tat, wiederholte dies der Lichtreflex. Als er sich abwandte, nahm er aus dem Augenwinkel wahr, daß sie verschwand. Und als er wieder hinsah, tauchte sie wieder auf – wie etwas Schnelles, Aufflackerndes –, im selben Moment, in dem er selbst sich ihr zuwandte. Er spielte noch einige Zeit mit dieser flüchtigen Erscheinung, verzaubert von diesem Leben, das dem seinen so sehr ähnelte.

»Kann ich noch etwas für Sie tun, Monsieur?« fragte die Verkäuferin, die von seinem Verhalten gründlich verwirrt war. Aber Cabassac war viel zu beschäftigt, die violetten Flammen zu beobachten, die über die Glasvitrinen glitten, um die Frage zu hören, geschweige denn, sie zu beantworten.

In der Provence setzt der Frühling früh ein. Und in diesem Jahr kam er noch früher als gewöhnlich. Blühende Mandeln sind sein erstes, untrügliches Zeichen. Die rosigen Blütenblätter scheinen aus dem schwarzen, ausgetrockneten Holz herauszuplatzen, und sie bringen – im selben

Augenblick, so scheint es – eine Heerschar von Bienen mit sich. Gleichzeitig ist die Luft von dem vollen, bitteren Duft der Blüten erfüllt. Nur Tage später bricht Busch um Busch von Forsythien in ein glühendes Feuer aus und – kurz darauf – die Kamelien in eine üppige Blüte von rosafarbenen, korallenähnlichen Tropfen. Es ist, als wollte sich die Natur zu dieser Zeit des Jahres durch eine Vielzahl unbestreitbarer Signale selbst bestätigen.

Für Philippe Cabassac indessen waren dies schlechte Zeichen. Sie bedeuteten, daß die Trüffelsaison bald, sehr bald zu Ende ging, und mit ihr der Zugang zu der einzigen Welt, die ihm etwas bedeutete, versperrt sein würde: die Welt, in der Julieta dicht vor der Niederkunft stand. Waren die steigenden Temperaturen nicht schon unheilverheißend genug? Und das plötzliche Erscheinen der vielen Falter, Mücken und Bodeninsekten? Bald, das wußte Cabassac, würden auch die Pfirsichbäume blühen. Und das würde wie nichts anderes das definitive Ende seiner Träume signalisieren, der Träume, die für ihn das Leben selbst ersetzt hatten. Hatte er nicht von Kindheit an den zeitlosen Spruch gehört:

Quand lo pessegier es en flors
Lo rabassier es en plors.

Wenn der Pfirsich blüht, ist der Trüffler in Tränen.

Er schlug mit noch mehr Inbrunst als zuvor auf den Boden, klopfte an jeden einzelnen Busch oder Strauch, die in einem dieser lockeren, ausgebrannten Erdkreise wuchsen – nachgiebig wie Matratzen aus frisch gekardeter Wolle, wie es ein Trüffelsucher einmal ausgedrückt hat. Es war, als klopfte Cabassac an eine Tür. Ja, er bat darum, eingelassen zu werden. Er bettelte nicht um einen Traum, sondern um das einzige bedeutungsvolle, alles vollendende Erlebnis, das ihm noch blieb. Sein Klopfen war so intensiv, als flehte er die Gräser an – die Erde selbst, die vor ihm lag –, ihm die eine Realität zu vergönnen, die für ihn noch zählte.

»Kommt schon, kommt schon«, murmelte er, »laßt mich eure Flügel sehen, eure kleinen Flügel.« Denn die *moscas* waren seltener und seltener geworden, und man konnte sie jetzt auch mit anderen, vor kurzem geschlüpften Fliegen verwechseln, die sich dieselben Sträucher zur Heimat gemacht hatten. »Kommt schon«, murmelte Cabassac zwischen zusammengebissenen Zähnen, während die Temperatur weiter stieg und die Wahrscheinlichkeit, an diesem Morgen, ja in dieser Saison, eine Trüffel zu finden, sank. »Kommt, gebt mir ein Zeichen«, bat er, »nur noch ein einziges Zeichen. Das ist alles, was ich brauche.«

In der Vergangenheit hätte Cabassac weit über sich den pfeifenden Ruf von Sperbern gehört, die ihren Jungen das Fliegen beibrachten. Nur zu dieser Jahreszeit sah man so viele von ihnen. Er hätte auch bemerkt, daß der Winterweizen auf den fernen Hochebenen grün zu werden begann, leuchtendgrün. Aber Cabassac war viel zu sehr von seiner Aufgabe beansprucht, um irgend etwas anderes wahrzunehmen, als die dünnen, flüchtigen Bewegungen so vieler geflügelter Insekten, die von einem niedrigen Strauch zum nächsten zu springen schienen. Beklopft, gestreichelt, ermahnt, stellten sie das auf wenige Fußbreit eingeschränkte Sichtfeld – das ephemere Schachbrett – Cabassacs dar. Er hatte jetzt für nichts anderes Augen.

Hätte Cabassac noch zu dieser Welt gehört, hätte er noch teilgenommen an den Aufgaben und Sorgen der Lebenden, dann hätte er an diesem Morgen nicht nur die pfeifenden Sperber und den grünenden Winterweizen bemerkt, sondern auch ein paar schwere, erdbewegende Maschinen, die am Rande seines Besitzes auftauchten. Die kraftvollen, häßlichen Bulldozer hatten ihre Arbeit schon begonnen. Sie ebneten die ersten, fern des Hauses gelegenen Terrassen ein und entwurzelten das tote Holz, das ihnen im Weg war. Immer wieder vor- und zurücksetzend, verwandelten sie die alten Konturen der Terrassen in eine einzige leicht abfallende Ebene. Offensichtlich war der Grund hier »neu bewertet« worden und hatte seinen landwirtschaftlichen Status verloren. Die Erde, die seit Jahrtausenden die Wurzeln von Oliven- und Mandelbäumen genährt hatte, wurde innerhalb einiger Tage auf eine Zukunft vorbereitet, die sich von allem, was sie je gekannt hatte, unterschied.

Ja, hätte Cabassac noch der Welt angehört, hätte er den Alltag der Lebenden noch gekannt, so hätte er die Maschinen gesehen. Hätte sie zumindest gehört: ihr stetiges, monotones, in den Gängen mahlendes Gegrummel. Hätte das Aufbrüllen gehört, wenn sie vorstießen, und das ruhigere Summen, wenn sie wieder zurückrollten. Aber Cabassac war ganz auf die Fliegen konzentriert. Seine Augen waren starr auf die niedrigen Sträucher und Gräser gerichtet, aus denen die *Ephemeridae* – dünn wie Stroh und plötzlich wie Wimpern – unerwartet herausspringen mochten. Waren sie nicht die Schlüssel, die goldenen Schlüssel – *lei claus d'aur*, wie Cabassac sie nannte –, die über die unter ihnen verborgenen Trüffeln zu dem üppigen, geschwollenen Körper seiner Geliebten führten? Nichts anderes zählte. Mehr noch, nichts anderes trat in das Bewußtsein Cabassacs als das, was jenseits des Schlafes lag. Was auf der anderen Seite des Spiegels zu finden war. Er hatte die Linie schon vor einiger Zeit überschritten und wanderte über die Falten einer Erde, die von nun an nur noch als Eingang zu einer anderen Welt diente.

Hätte er sich die Mühe gemacht, in den letzten Monaten seine Post zu öffnen, wäre er vielleicht – *in extremis* – in die Welt der Lebenden zurückgerufen worden. Wäre erwacht und hätte sich der Tatsache stellen müssen, daß er seine Arbeit an der Universität, sein Einkommen verlor und daß sein Haus – ohne Wasser, Elektrizität und Telefon – immer mehr verfiel. Schlimmer noch, er hätte eine Serie von gerichtlichen Verfügungen vorgefunden – trockene, präzise, unwiderrufliche Aufforderungen –, sein Haus zu verlassen. In ihnen stand, daß er nur noch so viele Monate, dann so viele Wochen, schließlich Tage hatte, das Haus, das ihm nicht mehr gehöre, zu räumen. Denn in dem Winter hatte er in einem Zustand totaler Ablenkung seinen ganzen Besitz überschrieben. Beim Notar an jenem Morgen war er zu beschäftigt gewesen, das gewichtlose Schweben des Mondes in dem kleinen runden Fenster zu beobachten, seine Bewegung, seine Bahn, seine verborgene Bedeutung, um irgend etwas anderes wahrzunehmen. In dem überstürzten Versuch, Magalie eine neue Existenz zu ermöglichen – vielleicht eine neue Identität –, hatte er einfach alle Papiere unterzeichnet, die ihm vorgelegt worden waren, während sein Blick unverwandt dem Mond galt. Denn der Mond bot Philippe Cabassac an diesem Morgen das Versprechen einer üppigen Trüffelernte innerhalb der kommenden Tage. Das aber war vor Monaten gewesen.

Jetzt, da das Ende der Saison näher rückte und er die Gräser nach der Lichtspur einer flüchtigen *mosca* absuchte, stieß Cabassac auf die letzte Trüffel der Saison. Er hatte gewartet, bis eine Fliege (die um diese Zeit zweifellos Eier trug) dreimal auf ihren ursprünglichen Sitz zurückgekehrt war, und hatte dann direkt darunter volle vierzig Zentimeter tief gegraben. Der Duft der Erde selbst verstärkte sich, je tiefer er grub. Duftete *zu* sehr, dachte er. Und als er schließlich diese letzte Knolle des Jahres heraushob, grenzte ihr Zustand – wie er sofort feststellte – an Fäulnis. Sie war schon einige Tage über die Reife hinaus. Hielt man sie an die Nase, war ihr Duft in der Tat überwältigend. Eher tierisch als pflanzlich, roch sie mal nach Moschus, mal nach Sperma, mal nach räucherndem Fleisch. Sie roch, stellte Cabassac sich vor, wie Fleisch, das man auf einem Opferaltar einer längst vergessenen weiblichen Gottheit darbrachte.

Während er nun die vorgeschriebenen drei Tage abwartete, in denen die Trüffel im Weckglas frischgelegte Hühnereier einbalsamierte, beschäftigte Cabassac sich damit, Wände zu streichen. Er strich ihr Schlafzimmer, eine sich daran schließende Kammer und einen seit langem nicht mehr benutzten Speicherraum, den er in ein Ankleidezimmer für Julieta umwandeln wollte. Er arbeitete schneller und schneller, denn der Frühling war schon vorangeschritten und der strenge Duft blühender Mandeln wehte durch die leeren Zimmer, manchmal gefolgt von langsamen, schlafwandelnden Bienen.

Atemlos bedeckte Cabassac jetzt Wand um Wand mit Zitronengelb, den Deckenstuck mit einem satten Chromgrün. Er arbeitete ununterbrochen von einem Mahl zum nächsten. Da die Fenster offen standen, hätte er die Bulldozer in der Ferne hören können, die mit jedem Tag näher rückten. Sie ebneten den Boden ein und pflügten die verbrannten Erdkreise um, in denen Cabassac seit seiner Kindheit Trüffeln ausgegraben hatte. Sie waren jetzt nicht mehr als ein paar hundert Meter vom Bauernhaus selbst entfernt. In wenigen Tagen würden sie Ställe und Taubenschläge, Hühnerhäuser und Kaninchenställe einreißen, all die außerhalb des eigentlichen Hofes liegenden

Gebäude, die das langersehnte, zunehmend verschuldete Bauernhaus umgaben.

Cabassac hatte seinen Besitz für wenig Geld an den Makler verkauft, und schon Tage später hatte ein Spekulant ihn für ein Vermögen aufgekauft. Nach der vor kurzem erlassenen Baugenehmigung – die vorschriftsgemäß im Rathaus angeschlagen war – hatten die neuen Besitzer von Haus und Hof die Erlaubnis, das Haus in ein Clubhaus und das Land in einen weit sich hinziehenden, hindernisfreien Achtzehn-Loch-Golfkurs zu verwandeln. Der Name des Golfclubs solle lauten, so hieß es in der Genehmigung: *Le Golf des Anciens Domaines (Club Privé)*.

Cabassac indessen war viel zu sehr damit beschäftigt, eine genaue Linie am oberen Rand einer Badezimmerwand zu ziehen, um auch nur die entfernteste Notiz von dem Vorgang zu nehmen. Er wußte nichts davon, daß er ein Haus vorbereitete, strich, dekorierte, das ihm gar nicht mehr gehörte, daß er auf einem Land Trüffeln gesucht hatte, auf das er schon vor Monaten jeden Anspruch aufgegeben hatte. Er sah die schmale Linie mit einem Auge hinunter, um sich noch einmal ihrer Exaktheit zu versichern. Er hatte nur einen Gedanken im Kopf: dies war der dritte Tag, seit er seine letzte Trüffel ausgegraben hatte. Am Spätnachmittag dieses Tages begann Philippe Cabassac an das Abendessen zu denken, das er noch vorbereiten mußte.

Dies würde Cabassacs letzter Traum sein. Er wußte das natürlich und machte sich mit noch größerer Gewissenhaftigkeit an seine Vorbereitungen als je zuvor. Er schnitt die etwas überreife Trüffel in vollkommene kleine Scheiben, schlug die Eier und ließ sie, nachdem er sie zusammengerührt hatte, nicht länger als eine Minute in der vorher erhitzten Pfanne braten. Dann aß er die *bouillade à rabasse*, während sie noch heiß war, drückte sie mit der Zungenspitze an den Gaumen. Tanto Mirèio saß bei ihm und nippte an ihrem üblichen Gemüsebrei: ein Gericht, das sie bei weitem vorzog. Als Cabassac ihr eine Portion seiner *bouillade* anbot, winkte sie schmunzelnd ab.

»Meinst du nicht, daß ich schon genug Erinnerungen habe?« sagte sie leichtherzig.

Aber sie teilten schwere Scheiben ihres Landbrotes miteinander, Stücke von mondweißem Ziegenkäse und erddunklen *vin ordinaire* aus der örtlichen Weingenossenschaft.

Es war nur eine Frage von Minuten, und Cabassac begann jenes unwiderstehliche Wohlgefühl zu spüren, als ob sich die Knoten in seinem Nervensystem lösten und eine Art Balsam jede Zelle seines Körpers überflutete. Er konnte es kaum erwarten, daß die Standuhr im Flur neunmal schlug. Er schloß das Buch, in dem er gelesen hatte, und stieg, die Kerze in der Hand, hinauf in das frisch gestrichene gelbe Schlafzimmer. Als das Licht der Kerze an den schimmernden Wänden leckte, schien der ganze Raum zu glühen wie ein einziges leuchtendes Eidotter: die Farbe, dachte Cabassac, der ersten nährenden Substanzen des Lebens.

Er schlüpfte zwischen die rauhen Laken, legte sich sorgfältig und fest in die richtige Position. Bis in die Zehen angespannt, schloß er die Augen und trat in seine selbstgeschaffene Litanei ein. Zum allerletzten Mal rekapitulierte er seine vergangenen Träume in chronologischer Folge, wobei er besonders bei dem Mittagessen verweilte, das sie nur Wochen zuvor in Avignon geteilt hatten.

Innerhalb von Minuten, noch immer vor sich hin murmelnd, war er eingeschlafen. Dieses Mal aber durchbrach sein neuer Traum jede Abfolge, jede Chronologie. Er raste durch drei, vier Episoden vorwärts, übersprang vollständig jene etwas bukolischen Visionen, in denen die beiden bis ins

Detail die Vorbereitung auf die schnell näher rückende Geburt besprochen hatten. Jetzt tauchte Julieta plötzlich als massive Gestalt auf, sie saß in einem hohen Rattan-Lehnstuhl. Ihre nackten Füße fest auf die roten Fliesen gesetzt, saß sie bewegungslos in einem weiten weißen Nachthemd da. Das Nachthemd bedeckte ihre lange, junoeske Gestalt, legte sich wie Schaum, wie Nebel um ihren aufgeblähten Leib. Tanto Mirèio flatterte geschäftig um sie herum. Sie war gerade dabei, die Plastikblumen, die sie früher einmal in Julietas Haare, ihren Gürtel, ihre Knopflöcher und hinter die Ohren gesteckt hatte, zu entfernen. Sie zog die langen Plastikstiele der toten Blüten heraus, weil offenbar die Niederkunft direkt bevorstand.

»Herz meines Herzens, Fleisch von meinem Fleisch, eine Mutter läßt sich nicht täuschen«, sagte sie. »Denn nur eine Mutter kennt ihre Tochter wirklich. Nur eine Mutter erkennt die ihren.«

Cabassac sah zu, wie Julieta einen langen Arm um Tanto Mirèios Schultern legte, als die alte Frau die letzte Plastikblume aus der schwarzen Pfütze von Julietas Haaren heraushob. Dann trat sie zurück und betrachtete mit zusammengefalteten Händen die junge Frau wie eine Malerin ihr gelungenstes Gemälde. »Da«, sagte sie. »Das ist besser, viel besser.« Sie blickte Julieta an, die gerade aufgerichtet in dem hohen Lehnstuhl saß. »Viel, viel besser«, fuhr sie fort. »So hätte es von Anfang an sein sollen.«

Cabassac beobachtete das Drama vor ihm wie ein vollkommener Zuschauer. Im Gegensatz zu jedem anderen Traum von Julieta war es ihm diesmal verwehrt, in das Bild einzutreten, an der Traumsequenz selbst teilzunehmen. Er konnte nur still hinnehmen, was da geschah. Denn dort im flackernden Licht lag die Welt der Frauen: von zwei Frauen, um genau zu sein. Die eine thronte dort wie eine archaische Hohepriesterin. Die andere – halb so groß und beinahe dreimal so alt – bereitete sich darauf vor, ihr zu helfen. Alle paar Minuten öffnete sich Julietas Mund – öffnete sich weit –, als wollte sie aufschreien. Aber kein Laut war zu hören. Sie war offensichtlich bereits in den Wehen. Als der Traum fortschritt, brach ihr Mund immer öfter in ein fast vollkommenes O auf. Ihr Schrei aber blieb stumm, unendlich still.

Tanto Mirèio, die jedes Intervall zwischen Julietas Kontraktionen maß, sah, daß der Moment schnell näher kam. Dicht über Julieta gebeugt, ihr verblichener Bauernkittel berührte Julietas makellos weißes Nachthemd – der eine roch nach Keller und gebratenen Zwiebeln und das andere nach den ersten unwillkürlichen Spritzern menschlicher Milch –, begann Tanto Mirèio Julieta eine endlose Folge von Ermunterungen ins Ohr zu flüstern. Julieta ihrerseits öffnete und schloß den Mund schneller und schneller, weiter und weiter, als die Wehen stärker wurden. Nach einiger Zeit mußte Tanto Mirèio erkannt haben, daß die Niederkunft nun dicht bevorstand. Sie fummelte an den Baumwollriegeln von Julietas Nachthemd und zog es ihr mit einer Reihe von schnellen, fast hektischen Bewegungen vom Leib. Sie hob es über Julietas hohe, vom Schweiß glänzende Gestalt.

Cabassac konnte kaum glauben, was er sah. Julieta, die jetzt nackt auf dem Lehnstuhl saß, hatte dieselben schönen glatten Schultern wie immer – sie standen in vollkommenen rechten Winkeln zu den Armen –, aber sowohl ihre Brüste als auch ihr Bauch waren immens. Ihre festen pubertären, fast jungenhaften Brüste waren zu zwei schwer herabsinkenden Drüsen geworden, dick wie Grapefruits. Was ihre Brustwarzen anging, die nie größer als Bleistiftradiergummis gewesen waren, so waren auch diese dick und aufgeschwollen. Sie wiesen wie feste kleine Tüllen nach außen.

Das Wort »barbarische Schönheit« schoß Cabassac in den Kopf, während er sah, wie Tanto Mirèio sich auf den Steinboden kniete und Julietas

Beine vor sich spreizte. Ja, »barbarisch«, dachte er, während er die Vulva beobachtete, die naßglänzend zwischen den dicken Falten der Schamlippen sichtbar war, die unter dem unnachgiebigen Druck scharlachrot pulsierten.

Ja, »barbarisch«, dachte er, dieser Anfangsmoment aller menschlichen Existenz, dem nichts vorausging und der nur Folgen hatte, nämlich – wenn alles glücklich verlief – das Heraustreten des Geistes aus dem Fleisch, des körperlichen Mysteriums, all die triumphierenden Ungreifbarkeiten des Herzens, die aus der geplatzten Blase herausstürzten. Es war genau dies, was jetzt in der Form des Fruchtwassers an den Innenseiten von Julietas Schenkeln herunterlief und sie glatt wie Marmor machten, während Tanto Mirèio – die selbsternannte Hebamme – Julietas Vulva mit ihrer kräftigen, schwieligen Hand bedeckte, sie streichelte, beruhigte, befriedete.

Ja, »barbarische Schönheit«, wiederholte er innerlich, als Tanto Mirèio, nachdem sie Julietas gesamten Schoß mit erstaunlicher Geschicklichkeit massiert hatte, Julieta an den Waden nach unten zog und ihre Knie mit einem Schlag auf die Innenseite der Schenkel ganz auseinanderzog – all das mit ebenso erstaunlicher Autorität. Denn es war Tanto Mirèio, in ihrem fleckigen Bauernkittel vor Julieta hockend, die es zuerst sah. Sie sah die Krone des fötalen Kopfes, der nun hervorkam. Unter dem Druck jeder weiteren, unnachgiebigen Kontraktion – kaum noch Sekunden schieden die eine von der nächsten – sah sie, wie der kleine Kopf Julietas Vulva ganz auseinanderdrückte wie eine elastische, endlos zu weitende Membran. Und jetzt sah sie ihn nicht nur, sondern packte mit ihrer rauhen, nicht von einem Handschuh geschützten Bauernhand dieses Baby, dieses langerwartete, lange angebetete Kind, und brachte es mit einer kräftigen halben Drehung auf die Welt.

Erst jetzt, in dieser Sekunde, heulte Julieta hörbar auf. Der Schrei kam ebenso aus einer Erleichterung – einer reinen, ungeminderten Erleichterung – wie aus dem Schmerz. Wenn er in einer Grimasse begann, die sich auf den Linien von Julietas erschöpftem, herzförmigem Gesicht abzeichnete, so endete er in einem weichen, seligen Lächeln. Denn Julieta war gerade eben das gegeben worden, was sie in ihrem Leben am tiefsten ersehnt hatte.

Derselbe Schrei, der die Ankunft des Kindes ankündigte, weckte Cabassac aus seinem letzten Traum. Er erwachte in einem Gefühl der Ekstase. Denn auch er hatte gerade seine Erfüllung gefunden. Julietas Freude war auch die seine, untrennbar. Er erwachte in einem gut bestellten Haus, das bereit war, seine Familie zu empfangen. Nichts war übersehen, nichts vergessen worden – begriff er –, bis auf Blumen. Ja, Blumen. Und jetzt, da die Pfirsichbäume blühten, was das Ende der Trüffelsaison anzeigte, kleidete er sich schnell an, nahm seine Gartenschere und ging in den Pfirsichgarten hinaus. Dort begann er Zweige mit den eisig rosafarbenen Blüten abzuschneiden. Wieder und wieder kehrte er, die Arme voller Zweige, zum Haus zurück und füllte nicht nur die Diele hinter der Haustür, sondern auch das Eßzimmer und selbst die Treppe und die oberen Räume mit Vasen und Schalen voller Blüten: die Kammer, das Badezimmer und schließlich das frisch gestrichene Schlafzimmer, das nun auch zum Kinderzimmer werden würde.

Cabassac war wahrscheinlich im ersten Stockwerk, als es geschah. Vielleicht war er in einem der neu gestrichenen Räume, ekstatisch, sich am Duft der Blüten erfreuend, als eine kleine Abteilung von Polizeibeamten die Diele betrat und nach ihm zu suchen begann. Da sie im Erdgeschoß niemanden fanden, war es wohl der befehlshabende *brigadier*, der, den Haftbefehl in der Hand, zuerst die Treppe hinaufstieg. Denn er war gekommen, um Cabassac aus dem Haus zu weisen und ihn festzunehmen, weil er drei aufeinanderfolgende schriftliche Aufforderungen, das Haus zu räumen, nicht befolgt hatte. Cabassac aber war mit seinen Blumen beschäftigt. So beschäftigt, daß er den *brigadier* wahrscheinlich nicht einmal hörte, der, gefolgt von seiner kleinen Truppe, das frisch gestrichene Schlaf- und Kinderzimmer betrat. Zweifellos ordnete Cabassac noch die rosafarbenen Blüten in einer Vase, gab ihnen ein kreisförmiges Arrangement, lockerte sie, zog sie auseinander, als sie hereinkamen. Tränen reiner, uneingeschränkter Freude liefen ihm über die Wangen, während der *brigadier* damit begann, die im Haftbefehl formulierten Anklagen zu verlesen. Cabassac hörte ihn gar nicht. Hörte nie wieder etwas außer der großen weichen rosafarbenen Resonanz, die nun aus diesen vollen Bouquets herauszudringen schien. Denn die Blüten selbst hatten in diesem Moment zu klingen begonnen. Hatten wie Brandung in Philippe Cabassacs Ohren zu rauschen begonnen. Und er konnte von da an einfach nichts anderes als dieses Rauschen hören. Überhaupt nichts außer dem Rauschen dieser eisig rosafarbenen Blüten, die fort und fort in seinen Trommelfellen widerhallten.